A級戦犯者の遺言

教誨師・花山信勝が聞いたお念仏

青木 馨 編

法藏館

花山氏による７人よりの聞き取りメモのファイルと講演・講義録ノート。
ファイルは面会者ごとに分類されている。

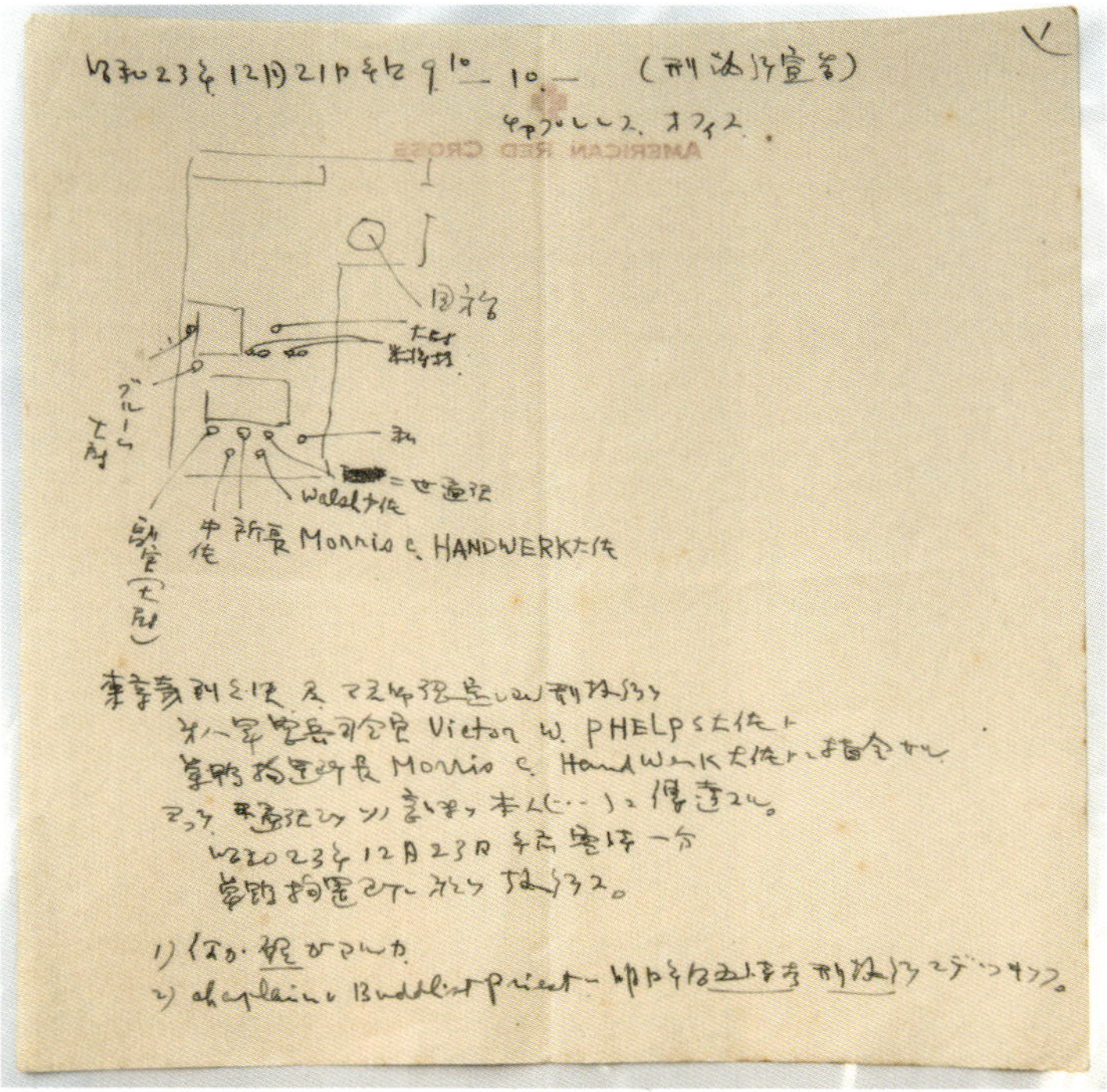

死刑執行宣告の状況を図示したメモ・昭和23年12月21日午後９時10分～10時
（解読は118ページ）

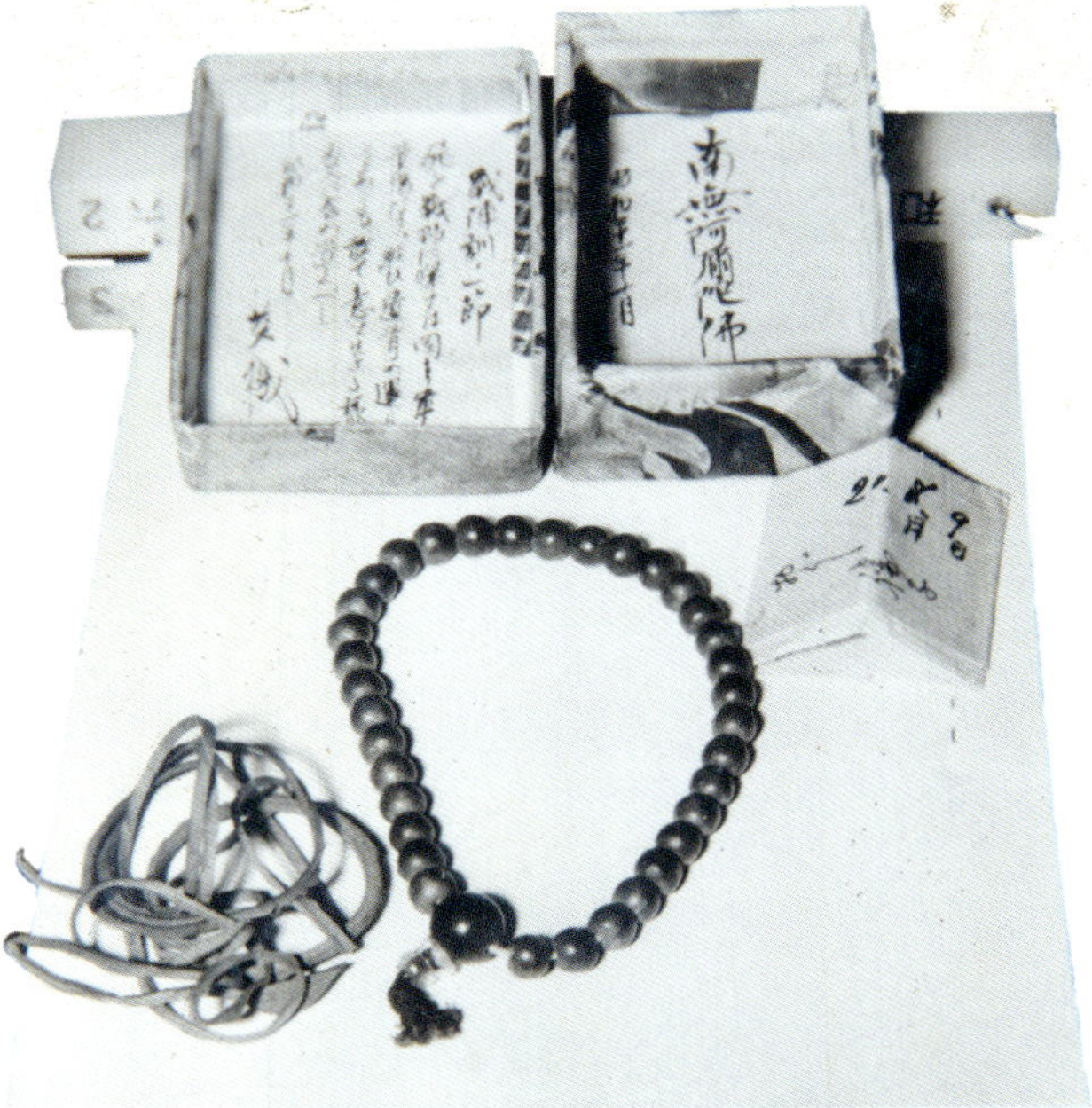

東条英機の所持念珠（花山聖徳堂展示パネルより）

死刑執行直前に別れの杯として用いられたブドウ酒瓶
（米側提供、花山聖徳堂蔵）

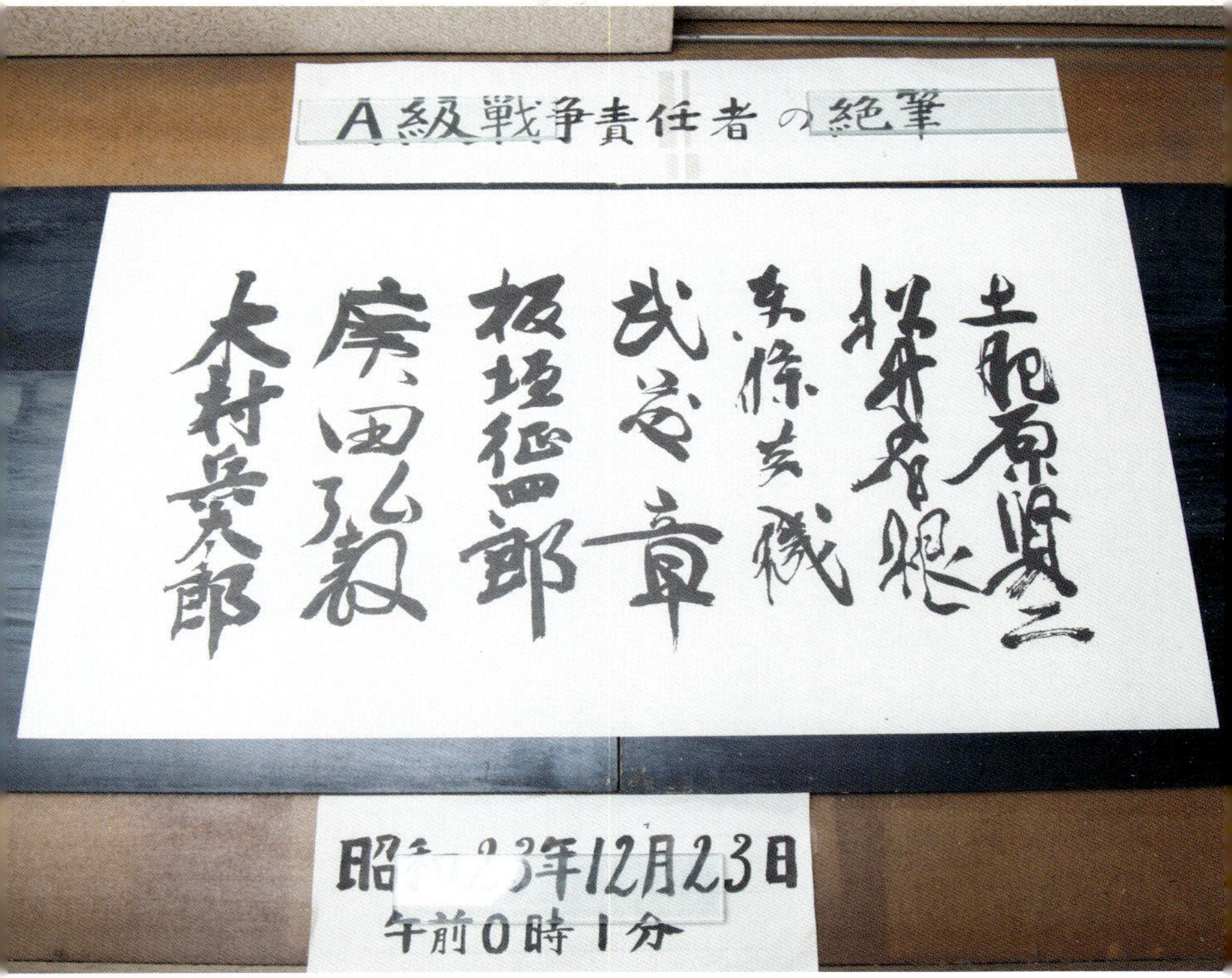

死刑執行直前の七人の署名（花山聖徳堂蔵）

処刑直後、東条家にて花山氏より報告を聞く東条勝子夫人と清瀬一郎弁護人
（花山聖徳堂展示パネルより）

花山聖徳堂展示室（金沢市・宗林寺）

A級戦犯者の遺言——教誨師・花山信勝が聞いたお念仏＊目次

解説

凡例

・録音起こしの一部に、聞き取り難い単語があったことをお断りしておきたい。
・敬称について、本来花山信勝師とすべきであるが、一般的な読者もあることを勘案して、原則的に花山信勝氏に統一した。他の人名については原則として敬称を付していない。
・新聞記事の引用については、一部活字がつぶれて写真版では難読のものもあり、□になっている箇所がある。また適宜、句読点を補なって読みやすくしたが、なるべく当時の新聞の雰囲気も残した。
・花山聖徳堂の展示品や資料は、原則非公開であるが今回特別にご許可をいただいた。

はじめに

戦後七三年以上経過し、戦争の直接体験者、さらにはその経験を語ってくださる方はごくわずかとなった。あの悲惨で不幸な戦争を語れる人はやがていなくなってしまい、風化してしまう。だからこそ今、「平和」を築くとはどんなことなのかを真剣に問わねばならない。そのために過去には一体どんなことが起こっていたのだろうか、今まで以上に眼や耳を澄まさねばならない。かすかとなったその語り部たちの声を大切にせねばならない。

日本国憲法が平和憲法といわれるゆえんは、国際紛争解決のために、戦力保持と武力の使用を放棄したからに他ならない。米軍占領下で作られたものであるから国民の意思ではなかったとする意見もあるが、それ以前に事実として日本で三〇〇万人以上、東アジア・太平洋地域で二〇〇〇万人もの犠牲者を出したことが大きな反省となって、憲法の条文に込められていることは明らかであろう。

そして、この武力なき平和こそ真の平和であることを、戦争を遂行した当事者らの最期を教誨師《きょうかいし》として見送った、たった一人の日本人、花山《はなやま》信勝《しんしょう》氏が、彼らとの交流・会話を通して、語られている。花山氏の教誨を縁として、A級をはじめとする戦犯者たちはお念仏申しこの世を去った。それは単なる気安めではなく、浄土の教義にかなったものであった。そして仏教・浄土真宗のお念仏者となった彼らの言動は、教誨師である花山氏をも感動させるものであった。花山氏の語りは、かならずしも真宗門徒でなくても、真実の宗教たるものは、いかに人間性を取り戻し自己を凝視し、救いへと向かわせるものであるかということを知らしめる。

今ここに、花山氏が数え年八十八才の最晩年に語られた「太平洋戦争とお念仏」と題する録音がある。十五年戦争の最高責任者たるA級戦犯者七人の処刑七十一年を経た今、氏の巣鴨プリズンでの教誨師体験の〝語り〟を私たちもあらためて謙虚に聴かねばならない。花山氏自身も、死刑に直面した彼らの気持（言動）を子々孫々へ伝えねばならないことを強調される。私たち一人ひとり、もし仏縁にある者はなおさらこのことを重く受け取め、日本人でたった一人背負われた大きな課題を未来へとつなげねばならない。戦争を知らない世代が大半となった今、あらためて花山氏の肉声から、戦争指導者がどのような思いで処刑台にのぼっていったのか、聞く意義は大きなものがあるだろう。

ただし、教誨体験から四十年近く経過した最晩年の講演であり、一部に若干の記憶違いもあるようで、この点については最低限の補註を施した。むしろこの録音は、人生最後にこれだけは言っておきたい、という花山氏の遺言的音声であることに配慮して、口述されるままを筆録した。戦犯者たちに語りかけられたご本人の「声」から、「文字」では伝わらない「心情」が伝わってくるように思われる。

（青木　馨）

太平洋戦争とお念仏

花山信勝

一、東条英機の最期とお念仏

はじめに

真人会三十五周年、並びに聖徳太子会二十五周年の記念、成人修道研修会が広島県の野呂山道場において行われましたときに、「太平洋戦争とお念仏」という題目のもとに、お話をいたしました。その最後の一部をこれから録音させていただきます。これまでは由利《ゆり》（敬《けい》）さんから始めて福原《ふくはら》（勲）さんなどC級の方々数名のお話とB級の尾家《おいえ》（剛《さとし》）さんの銃殺刑のことを申し上げましたが、今度はA級七人の中の東条さんのことを申し上げたいと思います。

東条英機大将については、いろいろ世の中で評判があります。それは、戦争を始めたときの総理大臣であり、また戦争中ご苦労なさった方々の言葉でありますから無理もないとは思いますけれども、私がこれから申し上げますのは、巣鴨プリズンへ入ってから後の東条さんでありますから、世の中の人にはほとんど知られていない、誰も知っていない東条さんの最後がどうであったかということの点を申し上げたいと思うのであります。東条大将が、ほかのA級六人の方といっしょに亡くなっていかれたのは昭和二十三年（一九四八）十二月二十三日、午前零時一分でございました。東条大将とは、私は数回にわたって巣鴨プリズンの中で会談をいたしました。私は自分の言葉も東条さんの話された言葉もできるだけありのままに、自分の膝の上で鉛筆で書いていました。それを後で家に帰ってから清書しておったのです。東条さんだけでなく、他の方々も皆そうでした。

凡夫だった、極重の悪人だった

第二回目に東条さんと面談したとき、これは昭和二十三年十一月二十三（『平和の発見』では二十六日）日金曜日でしたが、午後二時からお話をしたときです。東条さんの言葉の中にこういうことを言われました。今日の世人は法蔵《ほうぞう》菩薩の言っておられることや釈迦の答えたことを空《くう》のことだと思っておるということは情けないことだ。例えば、四十八願《しじゅうはちがん》の仏はそれぞれ実現しておる。説法が十方世界に響き渡るというようなこともラジオで現にあらわれておる。今後、科学が進歩してどのように世界が変わってくるか知らないが、すでに三千年も昔にこれらのことがちゃあんとお経の中に書いてある。お聖教《しょうぎょう》や正信偈《しょうしんげ》を読んでおると、つくづく自分は凡夫だった、極重《ごくじゅう》の悪人だったということが分かった、と。

戦争を始めた当時の東条さんには、

東条英機（花山聖徳堂蔵）

とてもこんなことは考えられなかったでしょう。極重の悪人だった、凡夫であったと、自分は気がついたと言われました。こんなことは、世の中の人たちには誰もご存じないのです。戦争を始めたままの東条だということだけしか分かっていないのです。

続いて、四十八願の中の第三願でありましたか、すべての人がみんな平等に黄金《おうごん》色の仏になるということが書いてあったが、それが人種の差別撤廃ですよ。何万年かの後には、その通りになっていくに間違いないと思う、と。すべての人が皆黄金の色になる、と。今現在、アメリカで困っているのは、白人と黒人との争いです。また、アフリカとイギリスなりフランスなりとの問題も、結局白人と黒人との争いです。それが平等になるとお経には書いてある。それが人種の差別撤廃ですよ、と。何万年かの後には、あの通りになっていくに間違いない、と。これは、第二回目の面談のとき、東条さんが言われたことの中から大事なところだけを書き抜いてきたのです。

人間は、生死を超えなければいかんですねえ

それから、昭和二十三年十二月二日、木曜日の午後一時半から巣鴨プリズンで第四回目に会ったときに言われた言葉にこういうことがあります。人間の欲望というものは本性であって、国家の成立というようなことも「欲」からなるのだし、自国の存在だとか、自衛というようなきれいな言葉でいうこともみな国の欲である。それが結局戦争となるのだ。これを取り去るために、釈迦やキリストが世に出て、欲に巣食う人間を救わんとして何千年以来やってきたわけだが、それが実行されないで時とともに末世的状態となってきたわけだから、真っ先に政治家が「大無量寿経《だいむりょうじゅきょう》」などを読んで深く考えなければならん。自分のごときも、この巣鴨に入ってから初めて発見したことで情けないことですねえ。しかし、ここに入らねば人生なんて静かに見えないですねえ、と。巣鴨プリズンに入ってから初めて人生という問題について静かに考える余裕ができたと言われたのです。気の毒な人だったなあと思います。そんなことを考える暇がない。戦争のために、争いのために、欲のために、それが巣鴨へ入ってから真っ先にお経を読んで、三千年の昔に説かれたお釈迦様の

御教《みおし》えに心を入れねばならんと申されたのです。

また、こういうことを言われました。首、切られるときはお聖教も正信偈もいらない。ただ、南無阿弥陀仏だけになってしまう。切羽詰まってくると、ただ南無阿弥陀仏以外にない。人間は生死《しょうじ》を超えなければいかんですねえ、と。ここまで言えたのです。私が言ったのではありません。東条さんが言われたのです。こんなことは世間の人たちは誰もご存じないのです。私たちは、どうしてもいよいよ死に直面したこれらの人たちの気持ちを子々孫々へ伝えねばならないのです。それが私たちの責任なのです。

処刑の日、七人の絶筆

いよいよ昭和二十三年十二月二十三日、午前零時一分、巣鴨プリズンの中で先ほど申しました五つの秘密裏に作られておった絞首台、囲いがしてあるから誰にも分からない。私も知らなかった。ここでは、その前に八人とか十人とかC級の人たちを処刑したのが最初でした。おそらくA級の人たちのために予備的にやってみたんじゃないかと思います。そこで、三階の独房から降りてこられて、仮の仏間、独房の中に昔の巣鴨拘置所で拝んでいた女囚（カ）用のお内仏《ないぶつ》（仏壇）を安置しておいたのです。私はアメリカのチャプレン（従軍牧師）といっしょにジープに乗って中野の刑務所まで行って取ってきたお内仏です。アメリカの将校があと三分しかないと言いました。私は、七分か十五分ほどほしいと言っておいたのです。ところが、靴の紐をくったり、靴と靴との間の後ろに錠の革を取り付けたり、それは十三階段を上《のぼ》ってから両足が動かないようにするためのものらしいのです。手には手錠がはめてあり、それを前に降ろしてバンドで締め付けて上の方へ上がらないようになっていたのです。そういう恰好にするために時間がかかったのでしょうが、あと三分しかないと言うのです。それでは、お経をあげるのは省略しましょう。せめてお線香だけでも立ててくださいと言って、一人に一本ずつ火を付けてお線香を持たせました。ところが、自分たちの両手は手錠でくくられて、前へ降ろしてバンドで締め付けられているんですから、上へは上がりません。そこで、私が香炉を手前に持っていってあげて、一人一人その中に差していただきました。せめてあなた方の名前だけでも書いてもらいましょうかと。そんなことは考えてもいなかったのです。最後には何か一言《ひとこと》ずつ書いてもらってご家族に記念に差し上げたいなあと思って、奉書の紙を二、三十枚お仏壇の前に供えて準備しておったんです。ところが、その時間がないわけです。そこで、にわかに思いついて名前だけでもと言ったのです。こんな手ずりで書けるかなあと、まっ最初に土肥原大将が立ち上がって仏様の前で書かれました。土肥原《どひはら》賢二《けんじ》と、それから松井石根《まついいわね》、次に東条英樹、それから武藤章《あきら》と四人。五つの台しかないから七人同時にはできないのです。それで、あとの三人は次の組になったわけです。

第二の組は、板垣征四郎《いたがきせいしろう》、広田弘毅《ひろたこうき》、木村兵太郎《きむらへいたろう》の三人の方。そこで七人が二枚の奉書に自分の名前を書いていかれたのです。これら、この方たちの最後の絶筆になったのです（口絵グラビア）。私は筆を用意して、墨汁をそこに置いておいたのです。ところが、その墨汁の蓋を取ろうとしたところ、乾燥しておったのか蓋が頭部のところだけとれて、キルクの部分がきれて出てこない。さあだめだ、ポケットにはナイフも錐も持っていない。だめだと思ったところが、これも誠に偶然でした。私は今まで持ったことのないインクの瓶を持っていたのです。それは、この人たち七人とずっと朝から夜まで話して書き続けておったのです。今までは鉛筆で書いておりました。ところが、今日は朝から夜まで書き続けねばならんし、自分の家へ帰って清書する時間もない。そこで、この日に限って初めから万年筆で書き始めたわけです。ところが、万年筆一本では間に合わないだろうと考えて、インクの瓶をポケットに入れて持っておったのです。今までそんなことをしたことがありません。そこで、そのインク瓶をポケットから出して　筆につけましたから、筆の墨とインクとが混じった色となったのです。そういうことで、ともかく七人の名前が書かれたわけです。

処刑一分前の「ありがとう」

それからあと一分まだあると言う。一分あるなら三誓偈《さんせいげ》を読みましょうと言って、私は「我建超　世願《がごんちょうせがん》」という、あの偈の初め三句と最後の一句だけを和訳にして読みました。みんなはじっと頭を下げて聞いておられました。そして、感謝されました。それから万歳《ばんざい》はどうですかと尋ねられました。ああいいですよと、アメリカの将校たちもそこにいたんですけれども、いいですよと私は申しました。もしもいけないと言ったら、私は説明しようと思っていました。万歳というのは何も戦争のときだけの言葉ではない。日本の国が平和で文化的にいついつまでも栄えていくようにというのが万歳なんです、と。こう説明しようと思っていましたが、アメリカ人はやっぱり宗教家に対しては敬意をはらっている。私の言うことを黙って聞いていたのです。そこで、「天皇陛下万歳」を三唱されました。さらに「大日本帝国万歳」を三唱されました。最後部に並んでおられた武藤中将が、「東条さん、東条さん」と申されましたが、東条さんは自分の前に立っておられた松井大将に、「松井さん、松井さん」と言われました。松井大将は南京総攻撃の総司令官という立場で処刑されたので、大将になられたのはもちろん古いし、位階も東条さんよりも上で、万歳も取っておられました。そこで松井大将が音頭を取られて、土肥原さんも武藤さんも皆いっしょに万歳を唱えられたのです。

万歳を唱えられた後なんです。両手を下げて縛られて錠がかかって、両側のアメリカ兵は背が高い、格別背の高い体格のよい下士を選んで番人にあげてあったらしい。この下士たちを見上げて、「ああご苦労さん、長い間ありがとう」と。この言葉です。これは普通は言おうと思っても言えないはずです。この最後の言葉だけでも、私は世界中の人たちに知ってもらいたいのです。日本人はもちろんのこと。

そうしたところ、将校たち、少佐とか大尉、中尉の人たちが、自分たちの部下の下士たちを指導するために、後ろの方におりました。この将校たちがつかつかと前へ出てきて、右手を差し出して縛られている松井大将、東条大将、土肥原大将、武藤中将の手をしっかり握ったのです。黙って手を握ったまま振っているのです。握手です。感激したのでしょうね。これが本当のお浄土の姿だと、私は思いました。もはや地上の姿ではない。戦争をした敵味方ではない。アメリカ人と日本人の差別もない。昔の大将たちと今の下級将校たち、キリスト教の信者と仏教の信者、黙って手を握っている。この姿こそ、本当の平和の姿でありました。差別のない平等の姿、これは仏様の誓いでありました。

そこで、私は、今まであの人たちのそばへは近づかないよう、一間《いっけん》(約一・八メートル）ばかり離れて話をしてくれと言われてそれを守ってきましたが、もうよかろう、アメリカの将校たちが手を握っているんだからと思って、私も手を握りました。時間があったから二度ずつ握りました。「先生、長い間お世話になりました。家内たち、またよろしくお願いします」と。もう四十年も近く前のことでございますが、私の耳には今もはっきりと残っております。

それから後、あの人たちのご家族が、本当に喜んだお念仏のご家庭になられました。もちろん奥さんたちも、お子さんたちも、お孫さんたちまで。私の二男（花山勝友）がただいま東京の本願寺系統の武蔵野女子大学（現・武蔵野大学）で、女の子ばかりを相手に仏教の講義をしておりますが、東条さんの孫さんたちも入れてほしいと頼みに来られて、合格して喜んでおられます。東条さんの未亡人も、あの孫もこの孫も入ってくれたと喜んでおられました。今まで仏教には縁のない神道の家柄でした。東条さんご本人もお念仏の中で立派に大往生していかれました。東条さんが孫に、うれしいときも悲しいときも、手を合わせてなま、なま（南無阿弥陀仏）と言うように育ててほしいと、私に頼んでいかれました。そのお子さまも今は大学院へ行っておられるけれども、そういったことで、一人のお念仏の信者が出れば周囲がみんな潤う、賑やかになるのです。

南無阿弥陀仏の声

いよいよ時間が来て、入り口の鉄の扉がギイーと開きました。そうすると、当番将校が先に一人立って、その後ろに私とチャプレン、つまり神父さんで少佐でした。その後に、四人の土肥原大将、松井大将、東条大将、武藤中将。その右と左には、先ほど挨拶を受けた背の高い米兵さんが守りながら十三の階段のついた刑場まで歩いたのです。約一町《ちょう》（約一〇八メートル）ばかり、巣鴨プリズンの一番隅っこになっている、現在そこには「永遠の平和を願う」と彫られた大きな自然石が安置してあります。それは東京で一番高い池袋のあのスカイビルディングの隅が小さな公園になっておって、その隅に大きな自然石が置いてあります。そこが絞首刑を受けられた場所なんです。[*]

* 現在、豊島区立東池袋中央公園となっている（写真七三頁）。

私が初めに小声で、「南無阿弥陀仏、南無阿弥陀仏」と申したところ、東条大将が一番大きな声で「南無阿弥陀仏、南無阿弥陀仏」、他のみんなも「南無阿弥陀仏」と称えながら、一歩一歩絞首刑を受ける場所まで続いたのです。で、絞首刑場の入り口のところで、私は第二組の三人をさらに案内しなければならないから、もういっぺん握手してお別れをしました。先生どうもありがとうございました。後の家族をよろしくお願いしますと挨拶をして、それぞれ中へ入って行かれました。中には、アメリカとイギリスとソビエトと中国蒋介石《しょうかいせき》のこの四つの大国の代表者が、ソビエトと中国とは軍人、他は大使でした。そういう人たちがざっとホールの壇上に立って監視していたのです。その前をこの人たちが通って行って、一人ずつ別々の十三階段を上って行かれたわけです。

私はチャプレンといっしょにもうあとの三人を同じくしなければなりませんから、一町ばかり中庭を歩いて戻る途中でガタンという音を聞いたのです。上りあがったときに黒い頭巾をかぶさせられて、そして首にさがっている縄をあてがわれ、決まった時間ちょうど零時一分、立っている足場の土台がガタンとひっくり返る、それでぶら下がってしまう。ぶら下がったときの自分の身体の重さで神経が切れるらしいのです。それで私はあとの三人、広田さんと板垣さんと木村さんを同じようにお導きしたのです。

あのおかしな小説を書いた人が、* 広田さんは万歳を唱えることが嫌だったから横を向いていたらしいと　そんなことは全然ありません。本当は広田さんの方が万歳を言いたかったのです。広田さんが第一階へ降りてこられたときに、私に、先生、今の人たちは「まんざい」をやったのですねえと言われたのです。そのとき私は、「まんざい」と「ばんざい」とを区別をしておったので、そんなことはありませんよと。ところが、九州地方では「万歳」を「まんざい」と発音していたらしいのです。それで、「万歳」を「まんざい」をやったのですねえと言われたのです。お経を読んだ後に、広田さんはここでと言われたのです。そこで、私は「まんざい」が「万歳」と分かったので、そうです、万歳はいたしましたから結構ですと申しましたところ、広田さんは、「板垣さん、板垣」さんと、板垣さんを呼ばれたので、板

＊　城山三郎『落日燃ゆ』（一九七四）のことと思われる。

垣さんが音頭を取って、広田さんもいっしょに「天皇陛下万歳」と「大日本帝国万歳」を三唱されたのです。広田さんが万歳をやらなかったということはどうしてまちがったのか、作者の誤解に過ぎないのです。そうして、三人を導いて十三階段の方へ歩いたのです。

一応終わったときに、私にも中に入ってくれと言われたので入りました。その秘密裏に作られていた絞首刑場は十三階段のある絞首台が五つ並んでおって、その前の方には先ほど申しましたように、アメリカとイギリスとソビエトと中国との代表者が立っていました。四人ともに嫌なものを見たというような顔つきをして立っていたのです。場内は電気の照明で昼を欺くような明るさで、向こうに三人がまだぶら下がっておられました。アメリカの軍医が右と左の両手を握りながら二人ずつついておりました。もう両手の脈が消えたという合図によって縄が降ろされて、下に置いてあったお棺の中に一人ずつ納められたのです。始めの組の四人と後の組の三人の七人のお棺が運ばれて並べられました。そこで、私がお経をあげました。お経をあげておる間中、チャプレンが、私のお経の本を、字が見えないだろうかと思って、親切にも懐中電灯で照らしておりました。そして、私がお経をあげている間、じっと直立不動の姿勢でアメリカの将校たちが見守っていました。こういうところが、日本の軍部はどうか知りませんが、誠に立派にやってくれるなあと私は思いました。

柔和な顔で

お経が終わってから、私はお棺を開けてみました。誰も苦しそうな顔つきをしている人はありませんでした。南無阿弥陀仏、南無阿弥陀仏で大往生していった人たちですから、苦しいわけはない。首しめられても神経が切れるだけですから、にこにこした顔つきをしておられたのでしょう。七人全部を、私は見ませんでした。二、三人を見てやめました。それは、厳粛な場所で検死者のようなまねはしたくなかったからです。

ところが、明くる朝になって、先生、巣鴨の表には随分たくさんの新聞記者が、日本の新聞記者はもちろん、アメリカやイギリス、中国の新聞記者たちが早く花山を出してくれと言っています。だから早く出てくださいと、アメリカのチャプレンが言ってきたのです。私は、その朝のラジオのニュースを聞いたところ、ちょうど私が時計で零時一分と見たと同じ時間に亡くなっていかれたとだけでした。あの人たちの気持ちなどについては、もちろん分からないから説明などありませんでした。誰が何時何分、誰が何時何分とだけで知らせていました。

私は、明け方になれば、東京大学の印度哲学研究室に行く、と新聞記者たちに申しておいたので、東京大学の方へジープを向けました。東京大学の正門の前には、いっぱい新聞記者たちの車が並んでいました。また、巣鴨プリズンから私の乗ったジープを追っかけてきたのもたくさんありました。内外の記者たちには、同時に会見をすると申しておきましたので、日本中の新聞記者たちが、外国の記者たちがいっぱい集まっておられました。それに、写真班などがいて、私はこんな狭いところではだめだから、もっと広いところへ移りましょうと申しましたところ、ＮＨＫの人がせっかくここへ取り付けましたのですから動かないでお願いいたしますと言われたのです。今とは違う。当時は大変大きな機械でなければ録音ができなかったらしいのです。それで、せっかく取り付けたのだから移ってもらっては困ると言われたのです。それではここでやりましょうと、会見を始めました。

一人だけが私の面前で質問をしました。おそらく全部の記者たちの意見をまとめてあったのでしょう。それに対して、私がお答えをしたわけです。それが全国へ放送されたのです。その中で、あなたは最後に顔を見ましたかと尋ねられました。「見ました」と答えました。誰々を見たのかと聞かれました。それは言われないと私は申しました。ということは、七人の中で誰と誰とを見たと言うと、見てもらわれなかったご家族のお気持ちを考慮したからでした。そう考えたから、お名前は申されませんと言ったのです。それが間違って、見ていないんだ、見ていないからごまかしたんだというふうに、明くる日の新聞記事となったようです。

そうではありません。私は実際見ています。静かな顔で、柔和な顔でした。そういった事実を今ここで付け加えておきます。ともかく、あの人たちが最後まで南無阿弥陀仏で大往生されたということは。アメリカの将校が私のところへやってきまして、ぶつぶつと言っておったがあれは何だと聞きましたので、あれはお念仏というものだ。キリスト教のアーメンとは違う。あれは、仏教では、ありがとうございましたという気持ちを表現する感謝の言葉なのだ。と説明しました。そうかと承知してくれました。

絶対平等の大平和をめざして

いろいろとお話ししてまいりましたが、C級、B級、A級の方々は、みな念仏によって救われて、この世からあの世へ、迷いの世界から悟りの世界へと出かけて行かれたのです。こちらの岸から向こうの岸へ、お浄土の世界へ、虚仮不実《こけふじつ》のこの世から常住《じょうじゅう》真実の仏の世界へ、相対差別の穢れた世界から絶対平等の清らかなお浄土へと帰って行かれたのです。その実態について申し上げた次第であります。それでこそ、人間としてこの世に生まれ出てきた私たちが、当然進まねばならない最高最後の道であるということを実証してくださったわけであります。

相対と対立の立場での平和ではない、結局絶対平等の大平和、ソビエトもないアメリカもない、すべての人間、すべての国が手を握り合う世界にまで進まねばならんのであって、要するところ、私たち人間の肉体というものは仮のものがいつまでも続くものではありません。たとえ百年の命を長らえても、結局は最後の寿命がくるのです。このことに目が覚めて、永遠絶対の滅びることのない真実平等の悟りへと心を向けて、この国だけの平和ではなく、全宇宙の世界全体の大平和になることを目標として進まねばなりません。そこには、あらゆる恨みも憎しみも復讐《ふくしゅう》の心も不平や不満や愚痴など、すべてみんなが消えてしまって、ただ自ずから感謝のお念仏だけが湧いて出てくるのです。

この度の、全世界をあげての太平洋戦争が、この巣鴨で殺された人たちがお念仏で幕を閉じられるということ、この事実の一端を申し上げて、今後の私たちの後に続く二十一世紀の若い人たちが人類全体の本当の幸福の世界を築いてくださることをお願いいたして、この度の講義を終わらせていただくことにいたします。ありがとうございました。

二、土肥原賢二の最期とお念仏

マッカーサーは、なぜ無事に進駐できたのか

ちょっと付け加えたいことをこれから申し上げます。

土肥原大将という方は、終戦の当時、教育総監をしておられました。天皇様のあの勅語によって、日本は敗戦、結局戦争を終わることになりました。天皇様はいろいろご心配になって、侍従武官長を命じて、アメリカ軍が上陸してきそうな場所、あるいは厚木、あるいは千葉県の海岸などあちらこちらを見て回らされました。ところが、天皇様に申し上げた若い将校たちがいきり立っております。あれは天皇様の本当のお気持ちではない。一部の連中がああいうふうに企《たくら》んだのだ。もし、アメリカ軍が上陸してくれば、お互いに刺し違えて死んでゆくのだということで、若い将校たちがいきり立っておりました。それでは、教育総監の土肥原を呼べということになり、土肥原さんが天皇様の御前へ行くと、あなたの力で無事にこの度の戦争

が終わるようにやってもらいたいと。

そこで、土肥原大将は天皇様の御前を退出し、早速教育総監の職を辞職したいという願いを出して、関東軍司令官の職に就いたのです。関東軍というと、中部軍とか九州軍とか北海道軍とか、いくつにも分かれていた中の一つなのです。教育総監は、陸軍全体の軍人教育を背負うておる役目で、陸軍大臣と参謀総長とともに陸軍の重要なポストでありましたが、それを辞職して関東軍だけの司令官になって避けていただきたいと。そうして、関東軍直属の各地を回って歩かれました。厚木の飛行場には当時、まだたくさんの飛行機があった。それをいちいち調べて、エンジンがかからないようにして、天皇様のお気持ちを伝えて歩かれた。

それで、マッカーサーが日本へ進駐して来るとき、今までは剣とかピストルとかを腰に付けたことのなかったこの人が、初めて日本へ進駐するときには、万が一のことがあるかもしれない、天皇様のお気持ちで日本は敗戦となったけれども、どういうことが勃発するか分からんというわけで、今まで丸腰のマッカーサーが自分の

＊「関東軍」・「中部軍」・「九州軍」・「北海道軍」は、当時の正式名称ではない。

身の防衛をしてやってきた。ところが、厚木の飛行場に降りてから、東京へ進駐するまで、一人の軍人も一人の国民も顔を出さない。実に静かに東京の本部にまで入った。おかしい。自分が案じておったこととは違う。というので、マッカーサーは、東洋全体の司令官、日本だけの司令官はアイケルバーカー中将であったから、この人が調べてみると、土肥原大将がこういうことをやったから、我々は日本本土に無事進駐することができたのだということが分かった。そういう偉い大将ならいっぺん会ってみたいというので、アイケルバーカー中将が横浜で土肥原大将に会って、感謝の意を供したということです。

最初は、A級戦犯容疑者ではなかった

そういうわけで、巣鴨のA級戦犯容疑者の中には、最初は土肥原大将は加わってなかったというのです。ところが、アメリカのワシントンで戦犯容疑者の名前が発表されたとき、それを見て騒いだのが中国の顧維鈞《こいきん》という大使で、この度の戦争は満州事変から起こっておる。しかもその元凶が土肥原だ。その土肥原がA級戦犯の

中に入っておらんのはおかしい、ということで、ホワイトハウスから直接日本の政府へ、土肥原を巣鴨プリズンに入れろと命じてきた。

そのことが土肥原大将の家に伝わったとき、親族会議が開かれた。おまえはこの間、アイケルバーカー中将から手を握られて感謝されたというではないか、たとえ日本の外務省が何と言おうと行かんでもよいと我々は主張しました、と。これは、土肥原さんの息子さんのお嫁さんのお父さんから、直接私は聞かされたのです。したがって、土肥原は殺されておりません。

土肥原賢二（花山聖徳堂蔵）

アメリカのどこかへ連れて行かれたに違いないと。これは、私が土肥原さんが亡くなられた直後、土肥原家に行ってお経をあげたときそう言われたのです。土肥原さんは、巣鴨へ入れと言うなら入るよと、自分で名乗って巣鴨プリズンに入ったのだ。それで、土肥原は殺されてはおらん、必ずアメリカのどこかへ連れて行かれたに相違ないと主張されました。それに対し私は、あなたがそうお考えになるなら仕方ありません。いずれお分かりになるでしょうと言って、辞去したのでありました。

「二河白《にがびゃく》道《どう》もかくやあらなん」

土肥原大将と巣鴨プリズンでお目にかかったときに申されました。

私は士官学校を出たときに、二、三年京都の禅宗のご本山、東福寺に入って座禅をしました。また、ある程度仏教を勉強させていただきました。それから満州へ渡ったのです。戦争中もその気持ちでおりました。日本へ帰ってから、あちらこちらで仏教の空《くう》であるとか、無我であるとかについて、私は話しておりました。けれども、私の家は明治以来神道でした。けれども、どうも親鸞聖人の教えでなけりゃ救われない。私はこの間、こういう歌を作ったのです。先生、間違っておりませんでしょうか。私のような人間には、悟りを開くというようなことはできなかったから、いわんや家《うち》の息子には宗教のことも知らんから、ぜひ先生のその御教えの中に入れてやってくださいませんでしょうか、ということを頼まれたのです。

そのとき、土肥原大将から聞いたのはこういう歌でした。

踏み出せば　狭きも広く変るなり　二河白道《にがびゃくどう》も　かくやあらなん

私が士官学校に入った頃、二本の高い柱の上に一本の丸木が載せてあって、その上をタンタンと歩かなければならん。下には将校がおって、早く行け、早く行けと言う。落ちるんじゃあないかと思ったが、早く行けよ、行けよというからトントンと歩いて行って渡りきったのです。善導《ぜんどう》様のあの二河白道のたとえもそういうことではないかと思います、と。

私は二河白道のお話をしたことがあります。踏み出せば右と左の火の河水の河へ落ちるんじゃあないか、ここで命を捨てるんじゃあなかろうか。心配しておるときに、善導さまがおっしゃったように、一本の白い白道は三寸《すん》か四寸、幅が狭い（聖《しょう》教《ぎょう》では四、五寸とある）。ところが、たとえ落ちようがままよ、仏様にお任せしてあるこの自分だからという気持ちになって細い白道を渡れば、三寸や四寸ではない、大きな大道に変わる。

親鸞聖人のあの『教行信証《きょうぎょうしんしょう》』の中には、その白道は涅槃《ねはん》への大道と書いてあります。結局、落ちるんじゃあなかろうか、死ぬるんじゃあなかろうかと疑っているときには細《ほそ》ーいけれど、いよいよ腹を決めて落ちようがままよ、あの阿弥陀様の呼び声と、後ろから聞こえてくるお釈迦様の「行けよ、行けよ」の声にお任せをしてゆくとき、踏み出せば狭きも広く変わるなりで、三寸や四寸の狭い白道が涅槃《ねはん》への大道・直道《じきどう》に変わる。親鸞聖人の御教えはそういうことではなかろうかと私は考えますが、先生、間違ってはおらんでしょうか、と。結構です。あなたのおっしゃる通りですと、私は答えました。結局、死というものにたじろいで恐れているときはだめなんだ。覚悟を決めてゆけば、自然に狭い白道も広くなるということを、実感を込めて歌を作り、どうか先生、息子が先生のお宅へあがったら、これを読んでその意味を先生から説明していただきたいのですと、こういうことを頼まれたのが土肥原さんだったのです。

また、この方がこういう歌も作られました。

浄土まで　送らんとにゃ　煙りまで　西に向かいて　なびく静けさ

と。時々、巣鴨プリズンの中の空地《くうち》をぐるぐると回って散歩をする。もちろんアメリカ兵たちと手は縛られておるのです。そのとき、たまたま巣鴨プリズンの長い煙突から煙が出ておった。それで、「浄土まで送らんとにゃ煙りまで」と。この私のような人間を西方のお浄土へまで送り届けようというのかいなあ。煙までが西の方向へ流れておるわいと。見るもの、聞くもの、考えるもの、すべてがお浄土へと続いておったわけです。

東条さんも同じようなことを言われたことがあります。

笛*の音も　仏法僧《ぶっぽうそう》と　かなづなり　弥陀の迎への　響きかとぞ聞く

巣鴨のプリズンの中で尺八か横笛かを吹いておった人があったらしい。米兵と手

＊『平和の発見』によれば「笛」が「竹」となっている。

を縛られて散歩しながら、「笛の音を仏法僧とかなづなり」と、東条さんの耳には仏法僧と響いた。それを「弥陀の迎への響きかとぞ聞く」と。阿弥陀如来様が二十五菩薩を引き連れて、わざわざ私のような者をここまでお迎えに来られた音楽の音色ではなかろうかと。普通なら尺八や横笛を聞けば、誰か知らんが呑気そうに笛を吹いて遊んでいるわい。我々は今度の戦争で絞首刑になって死んでいかにゃならんのに、そういう腹立たしい気持ちになるのが人情です。ところが、もう気持ちが変わってしまった東条さんには、阿弥陀如来様が大勢の菩薩方を引き連れて、罪業深《ざいごうじん》重《じゅう》の私のような者を迎えに来てくださったのではなかろうかと歌われたわけです。土肥原大将も東条大将も、みんなこういったように、聞くもの、見るもの、すべてがお浄土へと結びつけられていたのです。

土肥原さんが最後に言われた歌にこんなのがあります。

わが事も　すべて了《おわ》りぬ　いざさらば　さらばここらで　はい左様《さよう》なら

と。いよいよ煩悩も起こる、苦しみもあるが、すべてみんな出て行ってしまった。それで、こういう歌を遺していかれたわけです。

「弥陀の御許に行くぞうれしき」

東条大将の最後の歌にこういうのがあります。先生、いよいよ明日《あした》の夜中の零時一分に殺されるということを昨晩聞きました。寝ておる間に引っ張り出されて殺されてはたまらんと思っておったんだが、二十四時間前にそれを聞かせてくれてうれしかった。しかし、ここの巣鴨の所長に挨拶をして帰るのを忘れたから、先生からよろしく挨拶をしておいてくださいと。昨夜、独房でゆっくり休みまして、今朝起きて、こんな歌を家内に作りましたと。どんな歌ですかと聞きますと、

さらばなり　有為《うい》の奥山　けふ（今日）越えて　弥陀のみもと（御許）に　行くぞうれしき

と。長い間、いろいろと迷いに迷うてきた私も、いよいよ明日は阿弥陀様のお浄土

へ連れて行ってくださるのだと、「さらばなり有為の奥山けふ越えて」有為の奥山というのは、人間の住むこの世界です。生まれたり、死んだり、戦争したり、けんかしたりするこの世界のことです。これも今日限り、「弥陀のみもとに行くぞうれしき」と、これは往相回向《おうそうえこう》です。その次の歌が、

われ往《ゆ》くも　またこの土地に　かへりこむ　国に報ゆる　ことの足らねば

と。お浄土へ連れて行っていただいてもすぐさま戻ってきます。* 栄えた二千六百年の日本も、こういうふうにしてしまった。一日も一時間も早く出かけてきて、文化日本の平和な世界の建設に働かねばと。日本人は言うまでもない。東洋の大勢の方々にご迷惑をかけました。この度、私は処刑を受けて死んでゆくけれども、ともかく天皇様だけにはご迷惑がかからないように、たとえ死刑で自分が殺されても、大勢の方々の戦争された人、空爆で家をなくした人、その上、親を亡くした人たち

＊　これを「還相回向《げんそう》」と言われたかったと思われる。

に申し訳がない。殺されても仕方がないけれども、「われ往くもまたこの土地に帰ってきます」と。「国に報ゆることの足らねば」と。申し訳のないことをしましたと。その反省の歌、家内に作られたのです。その日の朝でした。ともかくお念仏によって救われて、みんなが後から後からと西方のお浄土へ往生されたのです。

巣鴨プリズンから仏の道へ

私が東条さんに会ったときに聞きました。あなたは巣鴨へ入られる前に自決をされたことがありますね。新聞では、あれはおもちゃのピストルであったとか、芝居であったとか、大きな活字でデカデカと出ておりました。おそらくデマであろうと思いますが、あなたから直接それがどういうことであったのか教えていただきませんでしょうかと。こう言ったときに、東条さんはすぐに答えられました。あれはですな、自分が戦争中、自分が作った戦陣訓の中で、日本の軍人は敵の捕虜になってはならん。万が一、そういうことに出会ったときには潔く自決をせよと教えておきました。それを実行したまでなんです。あのときに用いたピストルは、自分の娘の婿が天皇様の詔勅を聞いて、日本は負けたと知ると同時に、近衛連隊の参謀であったが、参謀室に飛び込んで、立派に腹を十文字に切って小さな自決用のピストルで自決しましたと。この度の戦争で自決した人はいろいろあります。近衛（文麿）さんのように青酸カリで死んだ人もあります。橋田（邦彦）文部大臣もそうでした。阿南《あなみ》（惟幾）陸軍大臣は腹を切って自決されました。私は、あの息子の使った小さなピストルでやったんだということを、どうか家の誰もが知らんと思うから、先生から伝えておいてくださいと言われました。そこで私は、あなたが自決を失敗されたために、こうやって巣鴨の中で仏の道に入ることができたのではありませんかと申しましたら、「そうです、一つには人生を深く味わうことができました。二つには仏法の中に入れていただいて喜びで死んでいけます」と。あと二つほど言われました。結局、自決をし損じたために、アメリカの病院で手当をされ、元に戻って巣鴨プリズンに運ばれ、初めて人生という問題を真剣に考えるゆとりができたのだと。また、巣鴨に入ってきたためにお念仏の中にも入れていただき、罪業深重《ざいごうじんじゅう》の私のような者がありがたいことでございましたと。たとえ絞首刑で殺されても、東洋の人たちや日本の人たちには申し訳がないと。

また、こうも。日本の国に自衛隊*のようなものができるかどうか分からんが、万が一そういうものを作るような場合になっても、今までのような忠君愛国だけではだめだ、どうしても人間教育が必要だ。言い換えるなら、宗教教育というようなものが必要だと、私に言い残していかれました。

三、私のお念仏

今年（昭和六十年・一九八五）の四月、森（修爾《しゅうじ》）先生から電話があって、岩本（月洲《げっしゅう》）先生の真人会三十五周年と聖徳太子会二十五周年との合同記念研修会が、広島の野《の》呂山《ろやま》道場で催されますので、ご出向願えませんかとのことでありました。当時、私の健康に自信がなかったので、はっきりとお返事ができなかったのですが、幸い付

* 昭和二十三年当時には「自衛隊」の言葉があったか不明だが、花山氏が「軍隊」の言葉を避けられたと考えられる。

き添ってくださる方がありましたので、この風光明媚な野呂山にまで出かけてくることができたのであります。親鸞堂の他に夢殿や仏足石《ぶっそくせき》、殊にインドの祇園精舎に寄贈されたのと同じ梵鐘ができておって、周辺の見事な造園とともに、他には類例のない結構な場所に来ることができて、立派な先生方のお話を聞き、また遠近各地から参集された皆様方にお目にかかることができて大変うれしく存じております。高松宮殿下と妃殿下とには、*度々この野呂山道場までお出ましいただいたその記念のお手植えの木々も立派に青々と成長しておりますし、たくさんの松が山にいっぱいで、誠に何と申し上げてもよいところの場所でございます。この度の研修会にお集まりになった方が定員を超えたということで宿泊ができかね、関西方面から来られた四人の方と私たち四人とが国民宿舎に宿泊することになったようです。

そこで昨夜、先生、せっかくの機会だから座談会をしてくださいませんかと申されましたので、十一時近くまで皆さんとお話をいたしました。いろいろ問答をいたしましたが、その中で、先生、先生が南無阿弥陀仏、南無阿弥陀仏とお念仏されま

＊ 岩本月洲氏と高松宮両殿下にはご親交があり、仏教をご進講されていた。

すが、あれは昔からですかとのご質問がありました。それに対して、私は次のようにお答えをしたのです。

私は長年、日本仏教の布教と講義を続けてきました。また、家庭では、朝晩のお勤めも続けてきました。しかし、お念仏が自然に口に出るというようなことはなかったのです。ところが、六十年以上も連れ添うてきた家内（キヨ）が、昨年（昭和五十九年）の十二月八日に、八十二歳で亡くなったのです。家内が病院で亡くなる前に、いつ帰ってきてもよいようにと、家の座敷や控え室、縁側や廊下、玄関などに置いてあったタンスや机、ソファーや椅子、書棚や書籍、その他いろいろの雑物をすべて西洋館に移し終わってから、急いで孫の自動車で駆けつけたのです。病院では、付き添いの看護婦さんが私の顔を見るなり、昨夜は熱が高くてほとんど眠られませんでした。これからちょっと買い物に出てきますからと言って、病室から出て行ってしまいました。私は一人残されて、病床に横たわっている家内の右手を私の右手でしっかと握り、左手で家内の腕をさすりあげながら、長い間ご苦労だったねえ、あなたのお陰で私の今日があったのです。どうか少しでも早くお浄土へ行ってください。あなたのお父さんやお母さん、私のおばあさんやお母さんなど、みんなであなたを待ち受けています。お兄さんやお姉さんもね。私もまた後から追っかけていきますからね。安らかなお浄土へね。南無阿弥陀仏、南無阿弥陀仏。ありがとうございました。早くね、南無阿弥陀仏、南無阿弥陀仏と。十五分間ばかり見続けていたのです。

そうしたら、そこへお医者さんと看護婦長さんと担任の看護婦さんとが入ってこられて、お医者さんがもう面会する必要の人はありませんかと聞かれたので、私はありませんと申しました。それでは、これ以上手当はいたしませんからと申されて、家内の目を開かれた。もう目はつり上がっていて、呼吸も止まっていました。あたかも私の来るのを待ち受けていてくれたように亡くなっていったのです。これから体を清めますから、しばらく二階の控え室で待っていてくださいとのことで、私は病室を出ました。私のお念仏はそれからなのです。家内を見送ってから、自然に南無阿弥陀仏が出るようになったのですと。このようにお答えをしたのです。

まったく一日一日を感謝で送り、迎えさせていただいておるのです。皆様のお護りをいただいて、お陰様で今日まで数え年の八十八という長い命を生きさせていただきましたが、明日の日も分かりません。朝、目が覚めて、ああ今日も生きていたのだ。ありがたい。南無阿弥陀仏、南無阿弥陀仏と、心から感謝させてもらっておるのです。皆様とこの結構な道場でお目にかかることができたご因縁を厚く厚く感謝して、この度の法話を終わらせていただきます。ありがとうございました。南無阿弥陀仏、南無阿弥陀仏、南無阿弥陀仏、南無阿弥陀仏。

（録音起こし）

A級戦犯者以外の処刑者とお念仏

花山信勝

昭和五十七年（一九八二）、国際真宗学会が設立され花山氏は初代会長に就任されている。そして昭和六十年八月、ハワイ・ホノルルで第二回大会が開催された後辞任された。この後、氏の業績を讃えて『太平洋戦争とお念仏』（国際真宗学会編・永田文昌堂発行・昭和六十一年）という小冊子が発行された。これは寄稿されたものであり本書のもとになった録音と同題名であるが、A級戦犯以外の処刑者九名についてもふれられているので、ここにその部分を転載しておきたい。A級戦犯の七名より先にこれらB・C級戦犯者との出会いと、そしてお念仏の中での別れがあった。彼ら一人ひとりとの別れも、花山氏にとってはかけがえのない「仏の世界」の人となって深く焼きついていたことであろう。これらの人々も花山氏の教誨により、お念仏によって救いの身と知らされ、この世を去った人たちである。

（青木　馨）

由利敬元中尉

巣鴨プリズンで最初に処刑された由利敬《ゆりけい》元中尉は、二十七歳の青年であったが、わたくしが面談した初めの頃は、裁判の不公平や手落ちについて、いろいろ苦情を訴えていました。わたくしは、それに同情しながら、静かに聞いてあげた。そのうちに、だんだん落付かれて、わたくしの話しに耳を借《か》されるようになりました。昭和二十一年四月二十六日の午前五時すぎに、絞首処刑塔のなかの仮《かり》仏間の仏前で、わたくしと一緒に〝君が代〟と〝海行かば〟を合唱したあと、直立したまま合掌して

敬《けい》は死にません、敬は死にません。仏《ほとけ》になるのです、仏になるのです。

と叫んだのです。肉体としての由利敬は処刑されても、法身《ほっしん》としての敬は永遠に生きつづけて死なない、という意味だったと思います。のちに、彼の母ツルさん（六十六歳）から、電報で、一人息子の〝法名〟を求めてきました。そこで、いろいろ考えた末に、光寿無量院釈勝敬としたためて、電報と手紙とでおくったのです。

〝光〟は光明、〝寿〟は寿命の省略で、それがともに無量であるということは、とりもなおさず、インドの原語では〝阿弥陀〟ということになるからです。〝勝〟はわたくしとの関係、〝敬〟は此の世に生れ出て、ご両親からいただいた忘れがたい名前を残したのです。〝釈〟は説明するまでもなく、釈迦如来の御法《みのり》を信順した仏教徒という意味です。

院号というものは、古来二字にきまっていますが、このたびの戦争で一切が新しく変ったのだから、旧来の慣習によらなくてもよかろう、と判断したからでした。

お浄土では、救うてくださる阿弥陀さまも、また救われるわたくしたちも、差別なく、みな平等一如《いちにょ》だということですから、この世のあらゆる差別、男と女、大将と兵卒、富者と貧者、賢者と愚者、日本人と外国人、その他すべての差別を撤廃したほうが適当だと考えたのです。

したがって、この由利敬君の院号が最初で、その後つぎつぎと刑死してゆかれた人たちで、阿弥陀仏を帰依された人には、みな同じ〝光寿無量院〟の院号を差しあげることにしたのです。

福原勲元大尉

由利敬元中尉についで、昭和二十一年八月九日の午前五時すぎに刑死したのが、福原勲《いさお》（三十歳）元大尉でありました。

彼は、中国の最前線で、いくつかのトーチカ（鉄筋コンクリート製の防御陣地）を占領しつづけたあげく、後方に取り残したトーチカから機銃弾を受けて人事不省となり、内地へ送られて病院生活を送りました。そして、初代由利中尉のあと、二代目の大《おお》牟田《むだ》俘虜《ふりょ》収容所長として抜擢《ばってき》された青年でありました。

判決の後、彼は日本軍人としてアメリカなどに殺されるのは恥辱だ、出来ることならこのプリズンから逃げ出そう。若しそれが出来なかったら、自決しようと考えました。

そして、その準備として、廊下の掃除を命ぜられたときなどには、アメリカ看視兵の眼を盗みながら、腰板の古釘を抜取《ぬき》ったり、落ちていた折針を拾ったりして、独房の畳の下に隠しました。また、トイレの紙を手で裂いてコヨリをつくり、それを幾本か合わせて縄を編んで、これも畳の下に隠しておきました。ところが、独房の一斉検査がはじまって、これまで苦心して集めておいたものが、自分の眼の前で発見されました。それからというものは、此の人だけ、夜昼なしに三十分ごと、厳しく看視されることになったのです。

しかし、このことが因縁となって、彼は大きく転向してくれました。人間は誤魔化すことができても、仏さまにはそれができない。人間のいないところでも、仏さまはいつもこのわたくしを見護っていてくださるのだ、ということに気がついたのです。

それからというものは、彼の日常生活が全く変ってしまいました。死の最後の瞬間まで、一分一秒を惜しんで、〝仏書〟を読み、〝遺書〟を書き、廊下の散歩のときも、手から〝仏書〟をはなさなかったのです。島根県の益田《ますだ》町から、はるばる息子との面会をたのしんで、苦労して上京した老父に対し、限られた三十分の面会にも、金網窓《かなあみまど》を通しての物語は、彼が一心こめて説く老父への〝法話〟だけで終りました。

彼が書き残した遺書は、実に多かった。父へ、弟へ、妹へ、妻へ、そして巣鴨に残る人たちへ、など。それらはすべて、名宛の人に送り届けました。わたくしにも、処刑の前晩に書いてもらった一枚があります。それは、

花山信勝先生江
朝風になびくを見度し
彼の土より
平和日本の
日の丸の旗
昭和廿一年八月八日午後十時
於巣鴨　福原　勲

というのであり、福原　勲の氏名の上に〝不忠不義の臣〟の六字が、あとから細字で書き加えてあります。

〝朝風に〟とあるのは、明日の早朝に処刑されるという覚悟から、出た用語だと思います。〝彼の土〟とは、言うまでもなく、処刑後に往生する西方浄土の意味です。そして〝平和日本〟という言葉は、敗戦直後の昭和二十一年頃には、殆んどすべての日本人の考えてもいなかった用語であります。さらに〝日の丸の旗〟は、敗戦後の国民からは歓迎されませんでした。ところが、彼は書き続けた日記のなかに、次のように書いていたのです。〝日の丸の旗は、太陽をシンボルにした旗だとは思うが、世界中の旗のなかでは、一番立派な旗である。それは一億国民が団結して、まんまるい円を形づくっているからである。ところが、このごろは我れが、我れがということが先きになって、まん丸い円のあちらが欠けたり、こちらが欠けたりして、全く悲しいものだ〟と。

日の丸の旗のように、日本国民のすべてが仲睦まじく一致協力して、平和な文化国家が出来あがるようにお浄土から願いつづけます、という意味だと解されるのです。あとから書き添えた〝不忠不義の臣〟の六字は、自己一身にこんどの敗戦の責任を負うという、まことに健気《けなげ》な覚悟だと受け取れるのです。

彼が父親に残した〝最後の言葉〟のなかに、次ぎのように書いています。

この勲《いさお》の不運《ふうん》を、福に生かす力こそ、〝お念仏〟の力と信じます。〝念仏〟は、仏《ほとけ》の心と力を受けて生きる道であり、仏がわれらの力となって、われを生かして下さるのです。

勲は、ずい分迷いました。苦しみました。が、自分というものを、いっさい仏におまかせしたときから、なにか気が楽になり、こうしてはおられぬ、という気がおこり、心の勉強にはげみました。

勲は、この死刑ということが、勲の人格をさらに一段と向上させてくれた、と思っています。億劫《おくこう》にも得がたい、如来の御縁《ごえん》を受けることができたのは、まったく、この不運がきずなとなったわけです。

人間は亡びても魂《たましい》は残ります。如来のお力に恵まれて、この勲は一だんと、心がゆたかに進歩させてもらい、とても喜んでおります。

この生かして下さる如来さまのお力がわかれば、これ以上の喜びが、ありましょうか。どうか、心の底から、〝念仏〟をとなえられて、この無礙《むげ》の力を、遠慮なしに受けて下さい。この無礙光《むげこう》の力は金剛力《りき》です。どんな逆境に落ちぶれても、涙ぐむときにも、それがために、愚痴をいうたり、くよくよしたりするような、心の曇りにはなりません。〝念仏〟こそ、行きづまりのない道であることが、勲はいま、はっきりわかってきました。泣いても曇らず、喜んでもわがままな気が起きず、憎まれてもすねず、気をしゃんとする力です。くよくよ心配する心も起こりません。

お父さん、どうぞ、心を広く、心の底からゆっくりと、〝お念仏〟をとなえて下さい。

と。わたくしは、彼の書き残した〝日記〟や〝遺書〟のなかから選択して、〝亡びざる生命〟という書物を出版してあげました。〝亡びざる生命〟とは、彼の日記に書かれていた用語ですが、それは仮りの肉身がなくなっても、真実の法身《ほっしん》は亡びないという意味であり、それこそ光寿無量の仏として、永遠に生きつづけるということになるわけです。

平手嘉一元大尉

福原勲君のつぎに、昭和二十一年八月二十三日午前五時に処刑された平手《ひらて》嘉《か》一《いち》

（二十九歳）元大尉は、

過ぎし日の塵《ちり》をばおとし今日《けふ》よりは
　道《みち》をたづねて〝念仏〟まゐる
恩讐《おんしゅう》の彼方《かなた》にこそは道《みち》はあれ
　我れえまひ（ママ）つつ人《ひと》を見んかな
弥陀仏《みだぶつ》のたすけてふ船のあればこそ
　つたなきわれも母《はは》のみ許《もと》に

等の和歌を残されたし、

池上宇一元中尉

昭和二十二年二月十四日午前五時二分に処刑された池上宇一（二十七歳）元中尉は、独房から連れ出される寸前に、

母上様
宇一は、今出発します。
〝念仏《ねんぶつ》〟白道《びゃくどう》以外に、なにもありません。
昭和二十二年二月十四日午前四時四十五分　　宇一

と書き残されました。

穂積正克元軍曹

また、穂積正克《ほずみまさかつ》（三十一歳）元軍曹も、同じく独房を出る直前に、
お母《かあ》さんお元気でお暮し下さい。今夜は仲々《なかなか》暑いから明日《あす》は雨でせう。では今から一寸《ちょっと》お先に失礼して参ります。
南無阿弥陀仏　　正克
昭和二十三年七月三日午前二時四分

と書いて、刑場へと歩まれたのです。

平松貞次元軍属

さらに、昭和二十三年八月二十一日午前零時三十分に処刑された平松貞次《ひらまつていじ》（三十三歳）元軍属は、荒木国一《あらきくにいち》氏への遺書に、

自分ながら、不思議なほど落つけて、ただ〝南無阿弥陀仏〟をとなえるのみで、喜び勇んで立つことができました。有り難うございました。

と書き残されたし、

川手晴美元軍属

それから三十分後（同年同月同日午前一時）に処刑された川手晴美《かわてはるみ》（三十三歳）元軍属は、

極重《ごくじゅう》 罪悪《ざいあく》凡夫の身が
明日《あす》は仏《ほとけ》となれる嬉しさよ

の〝辞世〟を、

木村保元軍属
また木村保《きむらたもつ》（四十歳）元軍属は、

おのづから名号《みょうごう》となへて道《みち》を往《ゆ》く
ああありがたや南無阿弥陀仏《なむあみだぶつ》

の〝辞世〟を、

吉沢国夫元軍属

さらに吉沢国夫《よしざわくにお》（三十歳）元軍属は、

願船《がんせん》の船出〝念仏《ねんぶつ》〟櫓《ろ》かい哉

死を愛にああ阿弥陀仏《あみだぶつ》のお慈悲なる

などの〝辞世〟を残して、それぞれ刑につかれたのです。

以上は、Ｃ級戦犯者として、すべて絞首刑によって亡くなって往かれた人たちですが、日本国内では、ただ一人だけ、銃殺刑で亡くなられた尾家剣《おいえさとし》（五十五歳）元ネグロス島司令元大佐がありました。

尾家剣元大佐

それは、尾家元大佐の直属の部下ではなかったが、隣接部隊の長上官戦死のために、その代りに日本兵犯罪の責任者として、比島裁判で銃殺刑と裁決されたのです。それは気の毒だから、今一度調査し直してもらいたい、というわけで、比島裁判長からマッカーサー元帥にまで送られて、巣鴨プリズンに入れられたが、元帥は関与してくれなかったために、比島判決の銃殺刑が、日本内地で執行されることになったということなのです。

私は、尾家元大佐と、昭和二十三年十月二十二日、午前、午後、夜、と三回にわたって独房を訪問して話しつづけましたが、大佐はこの日の朝から真夜中までかかって書きつづられた、長い〝遺書〟を残されました。

昭和二十三年十月二十二日夜一時、余は〝銃殺刑〟という罪名のもとに、この人生を終るのである。余のためには誠に意義深い日である。思い返せば五十五年の人生、お世話ばかりになり通して、なんの感謝の意を表することもできなかった。

この度の弥陀の浄土への芽出度い往生、これまた仏恩に感謝せねばならない。

〝仏恩に感謝〟これのみぞ、余の最後まで務めねばならないところである。

と書きはじめられて、父母妻子兄弟姉妹への〝愛〟の必要を強調され、

「煩悩具足の凡夫でも、弥陀如来は摂取《せっしゅ》して下さるのである。摂取の光明のなかに包まれて、弥陀の浄土までつれて行って下される。何と有り難いことではあるまいか。これを感謝せずして、何をか感謝すべきぞや。」とも、「余は山の戦闘間、部下にその戦死の時、或は病死の時には、〝天皇陛下万歳〟をとなえることを命じたのだ。余も、今日の戦死の時、〝天皇陛下万歳〟をとなえて、〝称《しょう》名《みょう》〟しつつ、芽出度く死んでゆくのだ。」とも、「これから花山先生が来て、仏前にゆくのである。整々堂々

尾家剣元大佐（花山聖徳堂蔵）

と刑場にゆく。そして〝天皇陛下万歳〟を唱えて、余はしばし眠るのである。仏《ほとけ》となるのだ。南無阿弥陀仏、南無阿弥陀仏、南無阿弥陀仏。」で、終っています。

尾家元大佐は、この夜午前零時半、階下の臨時の仏間で、私とともに〝三誓偈《さんせいげ》〟を読んだあと、〝天皇陛下万歳〟を三唱されました。腹の底からの、力ある声であった。そして、私や、監視の米兵や、神父のウォルシュ少佐などに、それぞれ〝感謝〟の言葉をのべられました。

屋外に出て、赤十字のマークのついた小型バスに、神父のウォルシュ少佐と私は、向いあって坐った。そして尾家元大佐は、私の左隣に坐られた。銃を手にしたＭＰが五、六人、同乗しました。午前一時に巣鴨プリズンを出ました。バスの前後には、十数台のジープや、高級将校用自動車が続きました。人影のない真夜中の大通りを、しずかに走りました。

「このあたりは、どこですか」と尋ねられるたびに、私は前方の小さな窓ガラスから外を眺めて答えました。そのうちに、となりの尾家さんは、高イビキをかいてねむられました。私は、向い側に腰かけていたウォルシュ少佐に、それを知らせま

した。しばらくしてから、目をさまされたので、

「いま、いびきをかいておられましたね……」

と、私がいうと、

「死すること、帰するが如し、ですナ……」

と、なんの不思議とすることもない様子で、そのあとは、

「南無阿弥陀仏、南無阿弥陀仏」

と、口のなかで〝念仏〟をつづけておられました。

銃殺の刑場（元麻布三連隊の射撃場）へ曳《ひ》かれてゆくそのひとが、——まさか、と誰でも思われるでしょうが、それは事実だったのです。固い〝念仏〟の信仰によって、生死のこだわりなく、見事に銃殺刑をうけて大往生をとげられたのです。

（以上、『太平洋戦争とお念仏』〈国際真宗学会編・永田文昌堂発行・昭和六十一・二〉より転載）

解説

青木　馨

一、東京裁判

戦後処理の大きな眼目であった戦争犯罪人を審理するべく、極東国際軍事裁判（以後、東京裁判とする）が、終戦の翌年、昭和二十一年（一九四六）五月三日、東京・市ヶ谷の旧陸軍士官学校講堂を法廷に改装し、開廷された。これはいわゆるA級戦犯を裁くもので、それ以外のB・C級は横浜や戦争に関連した東南アジア一円でも行われ、五千六百余名（五六七七名ともいわれる）が起訴されている。

そして日本国内の容疑者は「巣鴨プリズン」に収容された。後にこの地はサンシ

極東国際軍事裁判の法廷が置かれた旧陸軍士官学校正面
（花山聖徳堂蔵）

極東国際軍事裁判法廷（花山聖徳堂蔵）

巣鴨プリズン独房（花山聖徳堂蔵）

巣鴨プリズン内部（花山聖徳堂蔵）

ャイン60・東池袋中央公園となり、公園の一角に「永久平和を願って」の碑が建つ。

東京裁判は、第二次世界大戦の米国を中心とする連合国側の主導で行われたもので、米・英・仏・ソ連の四大国を中心に、中・印・豪・ニュージーランド・比・加・蘭の計十一か国で構成され、勝者側の正義を強調するものとして問題視されている。また、米国の原爆使用の非人道性について不問であったりもした。さらに、戦時の国際法に規定された「通例の戦争犯罪」に加えて、戦後に国際法に規定された「平和に対する罪」「人道に対する罪」も問われたため、日本側は、「事後法」に相当するものとして申し立てをしたが、受け入れられることなく、A級戦犯として二十八人の被告が決定され、起訴された。

起訴内容は前述のように、「平和に対する罪」、それにともなう共同謀議、殺人、「通例の戦争犯罪」、「人道に対する罪」などであった。A級、B級、C級の区分は必ずしも明確ではなく、A級のみは「大物」であり重要かつ「平和に対する罪」など抽象的であるが、A級戦犯については十一カ国の判事が審理するという大法廷のような形をとった。

「永久平和を願って」の碑（表）
（豊島区立東池袋中央公園内）

（裏）
「第二次世界大戦後、東京市谷において極東国際軍事裁判所が課した刑及び他の連合国戦争犯罪法廷が課した一部の刑が、この地で執行された。
　戦争による悲劇を再びくりかえさないため、この地を前述の遺跡とし、この碑を建立する。
　昭和五十五年六月　」

裁判は二年七か月にわたり続行され、最終的に昭和二十三年四月十六日結審、同年十一月四日から十二日にかけて判決文朗読と刑の宣告が行われた。そしてこれと並行して、前にもふれたように在外各地においても、主に捕虜虐待などの罪（いわゆるC級にあたる）に問われ、死刑になった旧軍人も多数にのぼる。

いずれにしても、勝者側の論理が優先された裁判であったという批判は逃れない。同時に国民にも彼らこそ「戦犯者」であるというレッテルを喧伝する効果もあったであろう。裁判の評価についてはここでは問わない。今後も、歴史学や政治学・法学など学問上からも研究が進められてゆくことになろう。結果的には、A級戦犯として絞首刑の判決を下された七名は、十二月二十三日午前〇時一分から約三〇分の間に処刑された。その七名とは、東条《とうじょう》英機《ひでき》（元首相、陸軍大将）、土肥原《どひはら》賢二《けんじ》（元陸軍大将）、松井《まつい》石根《いわね》（元陸軍大将）、武藤《むとう》章《あきら》（元陸軍中将）、板垣《いたがき》征四郎《せいしろう》（元陸軍大将）、広田《ひろた》弘《こう》毅《き》（元首相）・木村《きむら》兵太郎《へいたろう》（元陸軍大将）である。

そして、これらの人たちは、判決から処刑に至るまでの約四十日間の日々、彼らにとってたった一人の日本人教誨師、花山信勝氏と、一人の人間として、罪科を背負った人間として、それぞれの人たちと対面で接触を深めることになる。それまでの集団対面から個人面談となり、いつしか彼らの人格は大きく変化し、裁判場で見せていた姿とは別の、宗教的世界における出遇いの姿があった。裁判の問題と次元の異なる恩讐を超えた宗教的事実として、私たちの心も白紙にしてこれを伝える氏の語りに耳を傾けねばならない（東京裁判については『日本史大事典』〈平凡社刊〉等を参照した）。

二、東条・土肥原元大将の辞世

ここに紹介した花山氏の「語り」は、主に東条英機元首相と土肥原賢二元大将の二人を中心としている。死刑宣告者七名との会話については『平和の発見』（朝日新聞社、昭和二十四年初刊。）に詳しいが、この録音は広島県安浦町の真人会《しんじんかい》（故岩本月洲《いわもとげっしゅう》主宰）・大阪市天王寺区の聖徳太子会（故森修爾《もりしゅうじ》主宰）合同の記念講演で、前者三十五周年、後者二十五周年ということで、真人会野呂山道場で行われた。ごく限られた時間であったため、ここでは宗教的視点からその代表格ともいうべきこの二人に絞られている。なお、この講演の録音は、昭和六十年（八十八歳・一九八五）に収録されたものと思われる。その後、聖徳太子会より「太平洋戦争とお念仏」と題してカセットテープで関係者に販頒されたようである。
あらためてこの二人の内面的言動について、若干の私見を加えて概説しておきたい。

さらばなり　有為《うい》の奥山　けふ（今日）越えて　弥陀のみもと（御許）にゆくぞうれしき

A級戦犯死罪となった、元首相・陸軍大将東条英機が処刑前日に詠んだ辞世の句のうちもっとも注目すべき一首である。「有為」とは、迷い濁りの世の中、無為（涅《ね》槃《はん》）たる仏の世界に対する言葉で、お念仏により、迷いの長い道を今ここに越えて、阿弥陀仏のみもと（無為の世界・西方浄土）へゆかれるうれしさを詠う。「さらばなり」は南無阿弥陀仏のお念仏を象徴しているようにも見える。また「有為の奥山けふ越へて」の言葉は、後にふれているが花山氏がはじめて東条らA級戦犯者に会い仏法を語った時に、日本の「いろは歌」のことを話したといわれており、東条は身動きせずに聞いていたと言われている。仏教の真随を詠い込んだ「いろは歌」に出るこの一節が、迷いの現実世界からのがれる言葉として、彼の頭に強く残ったと思われる。

同じく陸軍大将土肥原賢二は、「踏み出せば　狭きも広く変わるなり　二河白道もかくやあらなん」という辞世を詠んでいる。二河白道の譬えは、中国浄土教の師善導《ぜんどう》（唐・六一三〜六八一）の説で親鸞聖人も『教行信証《きょうぎょうしんしょう》』信巻《しんのまき》に詳細に引用する。西へ向かう旅人の目前に、瞋憎《しんぞう》（にくしみ）に燃え盛る炎と貪愛《とんない》（むさぼり）の波に覆われる二河にはばまれる。この火と水の大河の中間にたった四、五寸（一二〜一五センチメートル）ほどの白い道が見え隠れする。旅人は追いせまり来る群賊悪獣《ぐんぞくあくじゅう》らに殺される恐怖の中で、強く決心してその細い白い道に歩み出し恐ろしい水火の河を渡りはじめる。すると西へ続くこの白い細い道の先に阿弥陀仏の声を聞く、「汝《なんじ》、一《いっ》心正念《しんしょうねん》にして直《ただ》ちに来たれ、我《われ》よく汝《なんじ》を護《まも》らん」と。西の岸（彼岸）こそ阿弥陀の救いの世界、西方《さいほう》極楽国であり、この阿弥陀の呼び声（南無阿弥陀仏）に身を託せと、東の岸（此岸《しがん》＝迷いの現実世界）から釈迦のうながしの声も得た。ここに釈迦・弥陀二尊の信順による救いの姿が示されている。

荒れ狂うにくしみやむさぼりの炎と波の中に、細い白い道が西へと続くこの道を信じ、弥陀の呼び声たるお念仏に身を託し、渡らんとする時、白道は仏の慈悲により大道となることであるに違いない。土肥原の辞世には、善導大師の「二河譬《にがひ》」のこころが見事に詠み込まれている。

光寿無量院という院号

そして、A級戦犯として死罪となった七名のうち、広田を除く六名の法名の院号は、花山氏がそれぞれの了解を得て、「光寿無量《こうじゅむ》院《りょういん》」と諡名《おくりな》をされ、阿弥陀仏の徳をそれぞれに託されたのであった。花山氏が教誨にあたったB・C級の死刑者も同様である。処刑から七十年を経た今、多くの人はこれらのことを知らない。

彼らは巣鴨プリズンでの拘留中に、たった一人の日本人教誨師・花山信勝氏との出遇いにより、太平洋戦争の戦争犯罪人として極刑を宣告されながらも、仏教、とりわけ親鸞聖人のお念仏による救済の教えに値遇《ちぐう》し、そしてこれを究極の拠りどころとして刑に服し、生涯を閉じた。

「はじめに」でもふれたように、花山氏は、教誨師として彼らの心情の機微に接し、そしてその最期を見届けた唯一の日本人である。ベタ金の襟章をはずされた軍服や作業服に身をやつし、手錠をかけられた被告人。そして罪人となった彼らを、巣鴨プリズンにおいて、花山氏は、仏教の大いなる世界と救いを語りつつ、判決後には彼ら一人一人と接することになる。彼らは地位も名誉もなくなった一個の人間として、人生ではじめて仏教の教えにふれた。あるいは経典や教法の書物を読み深め、一人の凡夫《ぼんぶ》として罪人の身を仏法の上から照らされることになる。

花山氏は、国家の最高責任者にして超エリートたる東条をして、自己の内面に関して今まで、自分自身の人生という問題について考えたこともなかった「気の毒な人だったなあ」と言わしめた。また東条も、「情けないことですねえ。しかし、ここに入らねば人生なんて静かに見えないですね」と自分の人生というものを見つめることもなかったことを吐露している。

さらに巻末のグラビアにも示したように遺言的述懐の中に、死刑を「当然」と認め国民への配慮も花山氏に告げた、箇条書きの聞き取りの遺言が氏のもとに遺されている。裁判の場では、一貫して無罪を主張しつづけたことは周知の通りである。

しかし、昭和二十三年十一月四日から十二日、判決の場でA級戦犯容疑者のうち、彼ら七名が絞首刑を宣告されることになる。そして十二月二十三日午前〇時一分、刑は執行された。一般社会に大きく報道され、多くの日本人もそれを正当として、以後彼らを戦犯者として認識したのは、むしろ当然であったかもしれない。

しかしその背後では、最後の最後まで、花山氏と彼らとの接触は続き、いよいよ仏法の味わいは深まっていった。処刑という形で「生」を閉ざされるもっとも忌むべき瞬間をお念仏によって、いわば平然と超えてゆく姿がそこにあった。花山氏はその一言一句の言動を録音機のように、用紙にメモした。そしてその体験と戦犯者たちの様相は『平和の発見』と題して、直後の昭和二十四年二月朝日新聞社より、刑死者の一人、福原勲の日記や遺書をまとめた『亡びざる生命』（同三月）を有恒社より出版された。前者は英語、仏語、独語などにも翻訳され、世界中に伝えられた。また同年七月には『永久《とわ》の灯《ともしび》』（浄土真宗本願寺派北海道教区教務所）も出版された（ただしプリズン収容者や遺家族の間では、花山氏の教誨の評価は一様ではなかった点もあったようである）。

平和の発見

『平和の発見』とは何であったのか。彼らは冷静にこの判決を受け入れ、処刑台に上る直前まで手錠をかけられ、両脇をＭＰに抱えられ身動きひとつできない状況にあっても、立ち合った将校たちが彼らに握手を求める姿があり、「南無阿弥陀仏」のお念仏を声にして処刑台に向かう彼らの姿があった。この瞬間を凝視していた花山氏は、その光景こそ真の〝平和の発見〟であったと述懐される。

宗教的心情や、仏法に無理解な人には花山氏の述懐が虚色に映るかもしれない。あるいは洗脳された姿に見えるかもしれない。しかし、花山氏の語られるその声に接し、彼らの辞世の言葉にふれたならば、彼らの姿こそ宗教的真実の世界であることを知らされるであろう。是非これは、花山氏の肉声を付録のＣＤで聞いていただきたい。

A級戦犯といわれる戦争犯罪による死刑宣告。煩悶と苦悩のただなか、お念仏による弥陀の救いを実感しつつ克服されてゆく道程。「弥陀のみもとにゆくぞうれしき」の東条の言葉には、もはや戦犯者のレッテルから脱し、救われてゆく身の歓喜の言葉となっている。ただし、幾多の犠牲者を出した罪業《ざいごう》の上に立った、宗教的信念の言葉であることを見逃してはならない。

花山氏によればさらに東条は、巣鴨に入り戦争というものの正体を、仏法の上から鋭く見抜いている。「人間の欲望は本性であり、国家成立も欲からなり、自国の存在、自衛というようなきれいな言葉でいうこともみな国の欲であり、それが結局戦争になるのだ。」この欲を取り去るために釈迦やキリストが世に出られたが、これが守られず末世的状態となってしまったことになり、まず政治家が経典に深く心を入れるべきことを自戒を込めて指摘する。戦争の愚かさを宗教的視点から獄中でこのように発言したことは大いに注目すべきことであろう。軍国日本の最高指導者がこのように気づいたということになる。思想・信条を超えてまさに世界に発信すべき点である。

三、教誨師・花山信勝

ここで、花山信勝氏について、少し紹介しておきたい。花山信勝氏は、明治三十一（一八九八）年十二月、金沢に生まれ、地元尋常小学校卒業後、西本願寺二十二世大谷光瑞《こうずい》上人直営の武庫《むこ》仏教中学に入学した。金沢の第四高等学校を経て、東京帝国大学に学び印度哲学を専攻した。さらに同大学院を経て、東京帝国大学に奉職することになる。そして日本仏教の研究者として、ことに聖徳太子研究においてその名は著名で、昭和十年（一九三五）三十六歳という若さで『聖徳太子御製法華義疏の研究』で帝国学士院恩賜賞を受賞された俊秀である。また金沢市中心部にある浄土真宗本願寺派宗林寺《そうりんじ》の住職を二十一歳で継職され、親鸞聖人の教えを信仰の基底とされた。昭和二十一年（一九四六）二月、ＧＨＱ（連合国軍総司令部）の要請により政府は巣鴨プリズン収容者のために仏教者の日本人教誨師を一名募集した。幾人かが応

ありし日の花山信勝氏（昭和30年頃か。蓮成寺にて）

募したようであるが、当時、東京帝大教授（四月の委嘱時は助教授、十二月に教授）として日本仏教に通じ、イギリス留学の経験もあり英会話ができた花山氏が採用された。以来、毎週二日ずつ巣鴨プリズンに出張し、ＡＢＣ級あわせて八百名に接したとされる。大学教授との掛け持ちでまさに激務であった。

花山氏がそのような激務を覚悟で、教誨師を全うしようとした原動力は、何だったのだろうか。氏の没後、長男の勝道《しょうどう》氏が亡き父を回想された文章（エッセー）がある。この最後の部分に、昭和十二年（一九三七）七月に日中戦争が始まると、召集令状が来て出征されることにふれられている。上野駅で大勢の関係者に見送られたものの、ヒョロヒョロの体に即日帰郷となったことが明かされている。そのことは、氏の文章のどこにもないようで、「きっと、戦前の日本男子として『恥ずべきこと』だったに違いない。このことが、戦争が終わると、ひとり娘の死という逆縁と重ねて、『戦後は、お国の役に立ちたい……』と、父に『巣鴨プリズン』へと向かわせる原動力になったのではないかと思っている」と述懐されている（リレーエッセー・父の背中　第二一回・花山信勝、季刊雑誌『北国文華』二〇〇四秋第二一号）。

満六十歳（昭和三十四年三月）で東大を定年退官され、その年に浄土真宗本願寺派北米・カナダ開教区開教総長として渡米された。そして、十年後の昭和四十三年に帰国された。その後も研究・講演・自坊運営に邁進され、平成七年（一九九五）三月二十日、九十六歳の長寿をまっとうされ逝去された。この日は奇しくも地下鉄サリン事件の日であった。

四、七名の処刑と国民

処刑の報道

さて、A級戦犯容疑者のうち七名の死刑判決の報以来、一般国民はそれをどのように感じ取ったのだろうか。今となってはそのことを記憶している人は、私の周囲には出会わない。したがって、ここでは当時の新聞記事を中心に見てゆくことにする。

判決から約四十日後の十二月二十三日未明の処刑に、新聞各社はいっせいにこれを報じた。この日は午後に衆議院解散という大きなニュースも加わり、二十三・四日朝刊はこうした見出しが踊ったが、社説や論説などは当然戦犯者処刑を論ずる。たとえば、朝日新聞の「天声人語」（十二月二十四日朝刊第一面）では、次のように述べている（抄出）。

「七戦犯の絞首刑執行が厳粛な事実となってみると、やはりわれわれの胸底には地鳴りにも似た悲痛な衝動を禁じ得ない。理屈ではそれは当然の帰結だと思うにしても、処刑に直面したいま、国民としてはしかし割り切れる問題ではないのである。▼すでに佛になってしまえば、すべての愛憎を越えて死者のめい福を祈るのが東洋人の心であろう。そして罪もないその遺族には深い哀悼を送りたい。▼われわれが処刑の発表に接して思うことは、もう二度と再び戦争はしたくない。いや、してはならぬということであろう。判決の日のマ元帥の声明を思い起こす。それには「この刑が、人類最大の罪□である戦争の全くむだなことをさとり、やがて全世界が戦争を否認するに至る象徴となることを祈念してやまない」とある。世界各国の戦争放棄への出発点となることを要□しているのだ」（中略・自衛の武力だけは必要という意見に対し）「将来の原子力戦争に対処して果してどれだけの兵備をもったら自衛の安心が得られるのであろうか。国民がそのために税金をいくら拂ったら可能な相談であろうか」（後略）

そして日本の安全は世界の知性に任せ、戦争に巻きこまれず民生の充実に全力を注ぐのが最も賢明との提言で終わる。

また読売新聞は、二十三日朝刊第一面に、遺骸を乗せたと思われる大型トラックの写真を大きく載せ、七名の顔写真とともに、米国記者の速報記事を報じている。二十四日朝刊には第一面の一部と第三面に大きく取り上げ、花山氏の会見内容やそれぞれの辞世の歌や遺言、花山氏による東条家での葬儀風景を掲載する。読売紙は社説的な論評記事は見当たらないが、七名の処刑場での最後の状況を他社より詳しく載せており、東京裁判の主席検事をつとめたキーナン氏の談を載せている（ワシントン廿二日発ＡＰ）（共同）。この七名の処刑が侵略戦争を禁止する努力の第一歩となるべく、今後①侵略戦争の定義、②その禁止、③これを計画・開始した者への個人的な刑事上の責任規定、④処罰のための特別の常設司法機関設置、の四項目を提案している。

また、京都日々新聞の社説（十二月二十四日）では、地方新聞ながらさらに一歩踏み込みここにまで至った日本の現実と、日本国民の責任は逃れず、全世界への謝罪から再出発の道を説く。「平和への祈念に起て」と題して、次のように述べる。

（前略）思えば軍国主義の悪夢にわれらはいかに長く踊らされてきたことか。国の良心は失われ、たゞ一途に侵略と国土拡張への意欲にかりたてられてきたのであった。その指導的役割を演じたものこそ、彼ら戦争犯罪者とする極東軍事裁判には、われらいささかの疑念をさしはさむものではない。（中略）刑の執行をみたことについては、われら□だに不満とするものではない。しかし日本国民はこの判決によって戦争犯罪人は彼らのみであり、戦犯者への刑の執行によって一切の責任は解消したと即断してはならぬ。いわゆる戦争犯罪を犯したも

朝日新聞

第22562号

東條ら七戦犯 絞首刑執行さる

今暁零時卅五分に終了

【総司令部渉外局特別発表二十三日午前零時四十五分】十二月二十三日午前零時一分から三十五分までの間に極東国際軍事裁判所によって死刑を宣告された七名の戦犯は絞首刑を執行された

七名、黙々死に就く

対日理事会の代表も立会う

執行状況

東條英機　土肥原賢二　廣田弘毅　板垣征四郎　木村兵太郎　松井石根　武藤章

衆院きょう解散

七百三億・追加予算成立

適切な時期

七つの棺?のせて

ホロ・トラック京浜國道を行く

科研の油蝋

科学研究所

朝日新聞12月23日朝刊　1面

12月23日（木曜日） 昭和23年（1948年）

讀賣新聞

THE YOMIURI-SHIMBUN

第25859号

6版 ☆

東條ら七戰犯處刑

今曉零時卅五分終る

【渉外局特別緊急発表】（廿三日午前零時四十五分）極東国際軍事裁判所に於て死刑を宣告された戦犯七名は廿三日午前零時一分から同卅五分の間に全部絞首刑を執行された

七戰犯氏名

元首相・陸軍大将	東条　英機（六五）
元陸軍大将	松井　石根（七一）
元陸軍大将	土肥原賢二（六六）
元首相・外相	広田　弘毅（七一）
元陸軍大将	板垣征四郎（六四）
元陸軍大将	木村兵太郎（六一）
元陸軍中将	武藤　　章（五七）

二組に分け執行

瞬間全世界に飛電

遺骸を送るか大型トラック

日本人立会わず

裁判開廷以来九百六十六日

葬列か黒ホロのトラック

早暁の巣鴨拘置所表門を出る

対華援助一時停止

衆院きょう解散

午後の本會議に不信任案上程

一月廿三日総選挙

追加予算案成立

発券限度 三千五百億

読売新聞12月23日朝刊　1面

のとして全世界に責任を負うべきものは、われら日本人の全部であり、国民全部が一致して世界にその罪を謝すべき義務を負うべきである。（以下略）

アメリカの占領下にあったとはいえ、新憲法下での思想・表現の自由が保障されており、総じてこのような社説や論評がこの時点での一般的受け止めと見てよいであろう。紙面については、アメリカ側の検閲があった可能性も考慮すべきではあるものの、この裁判が不当であり、処刑に対して非を称えたのはごく一部であり、大新聞でもそうした批判的論調は見られない。戦後三年を経て、当時の日本人は彼ら戦犯者の誘導により戦争となり甚大な被害を与え、また被ったと認識し、彼らの処刑を機に非武装の平和日本の再建をあらためて心に刻んだとみてよい。

ただこうした記事の背後には、一般国民の多数は彼ら戦争指導者に煽動され戦争となったという恨みがあったであろう。そして幾多の死者を出し、悲惨な状況に陥らされたという批判はくすぶっていただろうことは想像に難くない。

花山氏の見た最期

そして朝日新聞は、二十三日朝刊第三面で早くも「七戦犯・死への心境　花山氏がつゞる平和の発見」と題して花山氏の七名に対する教誨の回顧と七名の心境を大きく紙面にしている。これはこの直後に七名を中心とした面談記録ともいうべき『平和の発見』を朝日新聞社から刊行するための予告的意味もあったと思われる。

ここには『平和の発見』にも記されていない部分もある。例えば「私がはじめて東條に会ったのは二十一年三月十六日の法話のときだった。東條はエリ章をはずした丸腰の軍服でまわりは若い元兵士たちだった。「いろは歌のなかには盛者必衰の道理が教えられ、この道理は今後も全世界の真理である」というような法話をしたが、東條は身動きもしないで聞いていた」とその時の印象を語る。あるいは、「なお東條は獄中で支給された手ぬぐいをほどいてこれを糸にし、これを松葉に通して着物のほころびをぬったというが、常に「病気でもして刑の執行がうけられないと面目ない」といって健康に気をくばっていたという。」とあり、処刑に立ち向かう気概を花山氏は見ている。総じて、宗教的心情がそれぞれに醸成されたことが示されているが、東条の提案により吉川英治の『親鸞』を回し読みをしたり、花山氏や一般からの差し入れによる宗教書などを読んでいたことがわかる。そして、この記事の見出しに、

「手に数珠を離さず
〝西へ急ぐ〟東條
『親鸞』をみんなで回覧」

とあるように、東条は処刑直前まで数珠を離さず、『意訳聖典』を持ち続けた。この『意訳聖典』については、花山氏が当初A級の人たちに授けたものではない。当初本は多くの書き込みがあり、これは判決の日に夫人に形見に渡されていた。そこで再度、花山氏に差し入れを要望して手にしたものであった（『平和の発見』参照）。さらに読売新聞も花山氏の処刑後の会見を詳しく報じている。

読売新聞は、二十四日朝刊三面に「七戦犯の最期　見送った花山師」として、彼らの辞世などを詳しく報じている。二十三日午後三時に、拘置所を出た花山氏が、東大文学部印度哲学科研究室で内外記者団と会見したもので、写真は東条家におい

て、花山氏が僧侶として七条袈裟を着けて読経している。勝子夫人や清瀬弁護人も写る。こうした模様が、報道関係者に公開された、ということであろうか。さらに彼らの辞世が花山氏により次のように紙面に紹介されている。

△武藤　章「霜の夜を思ひきつたる　門出かな」

△東条英機「さらばなりうい の奥山けふ越えてみだの御もとに行くぞ嬉しき」

「明日よりは誰にはゞかる処なくみだの御もとでのび〳〵と寝む」

歌の意味を次のように説明した。

「永い間百しよく光の電燈に照らされていたが、この明光の下でよくも神経衰弱にならずにいたものだと思う、これは信仰のおかげだ」

△土肥原賢二「よく熟睡しました。その熟睡の中を起されて困ったが……」と前置きして

「踏み出せばせまきも広く変るなり二河白道もかくやあらなむ」

△板垣征四郎「醜骸を永遠の平和のために捨てることは糞土をもつて黄金にも

変えるのである、もつて瞑すべきだ、どうかわが国が列国と和を講じてその再建を全うし世界平和に貢献せんことを念願する、中華民国や大韓民国の隆盛を祈る」

と語り最後に

「大神のみたまの前にひれ伏してひたすら深き罪を乞うなり」

「なつかしきから国人よいまもなお東亜のほかに東亜あるべき」

「しおきまつ朝な夕なの片時も人の人たる道にいそしむ」の三首を残した。

△木村兵太郎「今回の事は因縁とあきらむべし、自分は永遠の平和のための一礎石として喜んで大往生をとげる次第である、死を超え永遠に生きるであろう」

△広田弘毅「ご覧の通り体は別に異状がない、たゞ健康で黙々として死について行ったという事実をどうかお伝えください、自分は若いころから文学のようなものは読むことはあるが自分で作るということはやめた」といゝ、歌も俳句も残さなかった。

△松井石根「天地も人もうらみず一筋に無いを念じて安らけく行く」「世の人に残さばやと思う言の葉は自他平等に誠の心」

引き続き「遺品家族へ引き渡し」の見出し以下次の記事を見る。

処刑後、七人の身回り品が花山師を通じて引渡された。その中には眼鏡、珠数、入歯、座右書籍などがあった。

東条は平常手から珠数を離さずにいたが処刑の一分前ぐらいに「家内に渡してくれ」と始めて花山師の手へ移したものだった

木村は宗教書「道味小品」を愛読していたらしくその扉に

自己の境遇に順応し、本を精読玩味して実践を望み遺言とす

昭和廿三年十一月卅日

於巣鴨　兵太郎

と自署してあり、広田は前々から髪や爪を家人に送っていた。

23年12月24日　金曜日　朝日新聞　第22563号

佛道に"救い"もとめて
花山師談　七戰犯靜かな最期

平和への祈り

望みの日本食も口に

そろいの「光壽無量院」

佛壇に殘る東條のあごヒゲ

横浜で火葬

"戰陣訓"が動機
東條 自殺の眞相語る

クタ／＼で幕切れ
「解散祝い」も酒ぬきで

心境

朝日新聞12月24日朝刊　3面

七戰犯の最期　見送つた花山師

仏間で万歳を三唱　にっこり刑場へ

背後に聞いた不気味な音

辞世の歌と遺言

揃いの院号

広田一人だけは断る

"父"を語り夜を徹す

東条の遺族を訪れた花山師

メッセージ

調停案に落着か

電産争議　徹宵の交渉続く

平和を祈る

読売新聞12月24日朝刊　3面

このように見ると、処刑直前においても怨念や誹謗の言葉は無く、総じて平和への祈りのうちに彼らの「いのち」を差し出す宗教的な重い言葉が、象徴的である。

平和の祈り

そして国民はこの日、彼らの死を悼み、平和を祈った。京都新聞は、京都の宗教関係の法要等を報じている。また天皇陛下も、二十三日朝報告を受けられ、皇太子殿下の御誕生日の祝膳の予定や他の予定も取り止め、平和を祈念される深い思いの一日を過ごされたと報ずる。東本願寺では、神（神道）・仏（仏教）・基（キリスト教）合同法要を二十四日に、大寝殿《おおしんでん》で、当日の二十三日も光暢《こうちょう》法主導師により、大師堂で法要が営まれており、京都において東本願寺がA級戦犯処刑直後の追弔と平和祈念の中心的会場となったようである（この項『真宗大谷派近代年表』第二版〈真宗大谷派教学研究所編〉には見られない）。読売新聞は、二十四日朝刊で東京・築地本願寺で、朝日新聞は同じく東京・数寄屋橋に近い銀座教会で礼拝する人々の姿を載せる。記事によれば、マッカーサー元帥の要請により十二月二十三日正午に平和の鐘や祈りが全宗教あげて、全国的に行われた様子がうかがわれる。

しかしながら、一般の国民の多くは日本国（大日本帝国）の最高指導者たちが、こうした宗教的信条を深めていたことを一度の新聞報道だけではあまり理解できなかったのではないだろうか。

花山氏の講演活動

こうした国民感情の中で、断片的な報道のみであったその真意をたしかめるべく、彼らA級戦犯者らを宗教的に導き、最期を見届けた花山氏の言葉や書物に人々が吸い寄せられたものと思われる。昭和二十三年十二月末、A級戦犯容疑者のうち七名が絞首刑となり、花山氏はその後教誨師を解職された（後任は、田嶋隆純 大正大教授）。そしてその直後より、全国の寺院や仏教関係団体はもちろん、工場や学校、地域の集まりなど、あらゆる所から講演の依頼があり、巣鴨プリズンで収容者と共有した体験と平和について説き巡られた。そして晩年にまで及んだといってよい。それは、この特異な任務を遂行されるなかで、真の念仏者の姿を見られたからにほかならない。それとともに、氏の人生の命題（宿命）ともなり、日本だけでなく世界中に伝達されんとする責務を感じておられたものと考えられる。

私の寺に昭和二十四年三月三十一日、Ａ級戦犯処刑後初めて花山氏が来寺された時の写真が残っている。本堂に入りきれず境内にも人が溢れている。マイクロホン設備が不十分であった頃で、外の人たちには花山氏の声は届かなかったに違いない。それでも集まった人たちは耳を傾けている。体中を耳にしているような光景である。終わって本堂内にいた人たちにその内容を聞いたかも知れない。そして聴衆の中には「先生のお話をうかがって、いままで東条さんを憎んでいたが、そんな気持ちで亡くなっていかれたのなら、私の東条さんに対する気持が変わりました」と言われた人達も多くあったように聞いている。もちろんこれはお念仏に対する深い信仰をもった人たちの心情であり、処刑台に至るまでの彼らの言動が、すぐれて宗教的・仏教的なものであったことに安堵したのであろう。

昭和24年３月31日、花山氏を囲んだ記念写真（蓮成寺）

同日、花山氏の講演に境内は人で溢れた（同上）

五、おわりに

私の父青木順正は、兵役を二度経験し、典型的な軍事国家の一員であった。しかし戦後、その価値観は逆転し、平和国家建設の空気にとまどいを感じた一人であったようである。そんな悶々としたなかで、先に記したように七名が戦犯者として処刑された直後の昭和二十四年三月三十一日、花山氏を三河の田舎の自坊にお招きしている。初めてお招きして以来、生涯おつきあいをさせてもらっていたようである。「いち早く花山先生をお呼びして、ご本人から直接お念仏申して逝かれた戦犯者の最期をお聞きしたい」との思いが強かったに違いない。さらに一人でも多くの人々にこのことを伝えたかったようである。もともと従兄弟の菅原浩夫氏（蒲郡市・信光寺）が、東京大学で学ばれており、花山氏と知己であったことがご縁になった可能性がある。あるいは、後に大阪で聖徳太子会を主宰された学友の森修爾氏に紹介されたとも思われる。その後も五～六回くらい、おいでいただいたのであろうか。私自身も晩年の氏に接し、拝聴している。

そして、二〇一五年七月、私も初めて金沢宗林寺花山聖徳堂へ訪問参拝した。そこで多くの戦犯者の遺品に直に接した。現住職は氏のお孫さんの勝澄《かつずみ》氏で、初めてお会いしたが、そのご縁の深さからか、お互いに初対面と思われないものを感じた。私は僭越ながら亡父の花山氏を尊敬した姿を思うとき、私自身も氏のお声を今に伝えねばならないと強く感ずるようになった。これがまた愚父が氏とのご縁を大切にした声なき遺言のように思われるからである。

遺族の心情

ただひとつ、ここで忘れてはならないことがある。先に紹介した朝日新聞天声人語にも語られる「そして罪のないその遺族には深い哀悼を送りたい」とする処刑者の遺族への配慮である。

私は、二〇一七年五月、土肥原大将のお孫さんにあたる歌人の佐伯裕子《さえきゆうこ》さんと連絡する機会を得た。花山氏のことをお話したところ、いまだ眼を、耳を閉じていたい旨を申された。戦争の傷跡が、他人には計り知れないほど世代を超えて重くのしかかっていることをあらためて知らされた。

A級戦犯として死刑に処せられた父をもった、歌人佐伯裕子さんの父、実《みのる》。昭和二十三年十二月二十三日を期して、つらく長い「喪の家」に生きる人生が始まった。長女の裕子さんは、暗く無口で、時に酒におぼれる父を、そしてそのような家を幼少の頃から息苦しく感じた。

祖父《おおちち》の処刑のあした酔いしれて石榴《ざくろ》のごとく父はありたり

佐伯裕子

（二〇一四年六月二十四日　中日新聞夕刊「一首のものがたり」）

そして、その父を夫にもった母親の姿も気の毒であった。やがて歌人となり、父を亡くして親の味わった息苦しさと生きづらさに思いが至りついた。自らの気持ちを表わす文章を遺さなかった両親にかわり、「その立場のものにしか語れない」ものを歌に託すことになる。忘れようとしても、重くのしかかってくる、これが会ったことのない祖父の存在なのだろうか。

先に示したように、土肥原は「二《に》河《が》白《びゃく》道《どう》」のこころを歌に詠み、花山氏に託し辞世とした。

踏み出せば　狭きも広く変わるなり　二河白道もかくやあらなん

土肥原賢二

阿弥陀様の救いを「二河白道」の細い道の歩みに譬え、家族への遺言として花山氏に託された。それが息子の実にどのように映ったかはわからない。ただ、歌人となった孫の裕子さんの歌に、「白道」が詠まれている。

気の遠くなるまで秘めて言わざりし言葉あり胸に白道のあり

佐伯裕子

細い細い、そして長く不思議なクモの糸のごとくつながっている。つらく暗い人生を歩んだ両親も、その白道を歩まれたのであろう。

「太平洋戦争は詔勅にはじまり、お念仏で終わった」

しかしながら、花山氏のような世界中が注目するような重い体験を、私のような一介の真宗史学徒がここに紹介することには逡巡するものがある。教誨師の世界についてはまったくの素人であり、分野違いの近現代史においては誤認や誤解した部分のあることをおそれる。ただ、ご自坊の宗林寺現住職花山勝澄氏のご協力がいただけたことに大きな力を得た。本書のために、先生が遺された非公開の膨大な会話メモや関係資料を、二〇一八年九月十一日初めて一覧させてもらい、あらためて大きな衝撃と感動を覚えた。内容の大筋は、もともとご本人が『平和の発見』や講演などで要約発表されてはいるが、これらの全貌は見方によっては平安時代・鎌倉時代の公家の自筆日記や記録に相当する価値を感じた。太平洋戦争のA級戦犯者の死刑直前の生の声の筆録は、今や日本を超えて国際的な遺産ともいえる。近・現代史や宗教・仏教の領域にある研究者により、今後さらに注目されることを期待したい。

「平和」の意味領域が不明瞭となりつつある現今、あらためて戦争犯罪者と真正面から向き合われた花山氏の肉声を聞く意義は大きい。とりわけ、東条・土肥原両人の姿は、真にお念仏を体現されたものと言っても過言ではない。そして花山氏は「太平洋戦争は詔勅にはじまり、お念仏で終わった」と位置づけられ、真の平和の意味（あり方）を、これら「戦争犯罪者」から見いだされた。最晩年の花山氏の口調から、自分のみに与えられた重い体験を、永遠の遺言として語られているように思われる。

平和を共に願って

東京裁判の正当性は、当時から議論があったが、処刑直前の彼ら自身の心情は花山氏のみが伝えるところである。その筆録や講演、出版物は単に過去の出来事として見るのではなく、今と未来に届けられねばならない高度な戦争遺産である。そして、何よりも世界中の人たちが、平和の礎となって逝った、これらの処刑者の願いを共にすることを願うものである。その意味で、A級戦犯以外の方々においても同様であり、花山氏の寄稿文も付記した。

詳細については、ご本人の著書である『平和の発見―巣鴨の生と死の記録―』（方丈堂出版再々刊・二〇〇八年）や、その文庫本『巣鴨の生と死―ある教誨師の記録―』（中公文庫・一九九五年）、『亡びざる生命』（百華苑再刊・一九七〇年）、あるいは花山氏の教誨活動を詳述した小林弘忠著『巣鴨プリズン―教誨師花山信勝と死刑戦犯の記録―』（中公文庫・二〇〇七年）などをぜひご覧いただきたい。

付録「花山メモ」

花山氏による膨大な自筆記録を本書では「花山メモ」とした。そしてその「花山メモ」の中に、二枚の東条の遺言的言辞が記されたものがある。これは、死刑判決後、十一月十八日（木）午後二時半より一時間、初めて個人面談をした時に、東条自身の小さなメモが読まれ、それを聞き取りされたものである。すでに『平和の発見』に収載されているが、あえて原文をここに示しておきたい。東条の判決直後の自分と天皇・国民や、戦争被害者に対する心情が端的に示されており、重要な文言と思われるので「花山メモ」としてここに示した。なおこの時に東条が手にしていたといわれる小さなメモは不明である。ただ「花山メモ」の中に、同じメモ用紙二枚に十一月十七日付の「花山師ニ述ブル要件要旨東條英機」とする同内容のものが存する。これが東條本人が手にしていたメモの可能性もあるが、筆跡などさらに精査が必要なため、ここでは花山氏の聞取メモのみを提示した。

獄中にあっては、自殺防止のためにほんの小さな鉛筆と小紙片しか支給されなかったようであり、この点も考慮した。

また十一月二十一日深夜、処刑執行宣告の様子を伝える「花山メモ」も従来知られていなかったので原本とともに提示する。

東条大将の花山氏への遺言

1

①東条大将。（十一月十八日午后二時半）

一、裁判終り、一応責任ヲ終って「ホット」した気持。
刑罰ハ私ニ関スル限リハ当然。たゞ責任ヲ一人デ背負ハレナイデ、同僚諸君ニ迷惑ヲカケタコトハ相スマズ、残念。

陛下ハ裁判ヲ通シテハ累ヲ及ボサナカッタノヲ、セテ（メ脱カ）モノソノ点ニツイテ慰メラレヲル。

戦禍ニモトズク同胞ノコトヲ思フトキ、私ノ死刑ニヨリテ責任ハ果サレズ全ク相スマヌ。

二、裁判ノ判決ニツイテハ此ノ際言ヲ避ケタイ、将来冷静ナ世界識者ノ此審判ニヨリテ、日本ノ真意ノ了解セラル時ガアロウ。
残念ナコトハ[redacted]俘虜虐待等ノ人道問題ハ、何トモ遺憾至極、

古来カラモッテオル日本ノ博愛心、陛下の御仁徳ヲ軍隊其ノ他ニ
徹底サセラレナカッタノハ、私一人ノ責任デ、只世界ノ人士ニ誤解
サレタクナイノハ、此ノ裁判ハ軍ノ一部ノ者ノミデ、日本人全体ハアーデ
ナイ　軍全体モ然ラズ、世界人士ハ何卒誤解サレナイコトヲ願イ
タイ（軍ノ一部ノ間違ッタ行動）。

三、第二次大戦終ッテ僅カ三年、然シ依然トシテ全世界ハ波瀾
2② ニ包マレテオル。殊ニ極東ノ波瀾ヲ思ヒ、我ガ日本ノ将来ニツイテ、
懸念ナキニ非ズ、然シ三千年来培ハレタ日本精神ハ一朝ニシテ
失ハレナイト信ズ。究極的ニハ、日本国民ノ努力ト国際的同情トニ
ヨッテ、立派ニ立直ッテユクモノト確ク信ジテ逝キタイ。
古来カラ東亜ニ生ヲウケテオル吾々東亜民族ノ将来ニツイテモ
此ノ大戦ヲ通ジテ、世界識者ノ正シイ認識ト同情トニヨリ
将来ノ栄光アルヲ信ズ。

四、戦死、戦病死者、戦災者、及ビソレラノ遺家族ニツイテハ、
政府ハ勿論、連合国側ニオイテモ更ニ同情ヲ願フ。
此等ノ人々ハ、赤誠国ニ殉ジ国ニ盡シタルモノデ、戦争ニ対シテ罪アリト

[redacted]《イヘ》バ、吾人指導者ノ罪デ、彼等《（カ）》ニ毫末ノ罪ナキコトハ戦勝国ノ民ト同様ノコト。私ノ処断ニヨリテ罪ハ決シテオル。コレ等ノ人々ヲ悲境ニ泣カシメタクナイ。又巣鴨ニアル戦犯者ハ本人ハ各々ニスデニ罪ニ伏《〔服〕》シテオル。戦犯者ノ遺家族ニ対シテハ同情アル配慮ヲ願イタイ。ソ連に抑留サレテオル人々ノ一日モ速カニ内地ニ送還されンコトヲ願フ。

以上、私ハ間モナク刑ニ処セラル、モ、心ニ残リヲル点デアル。

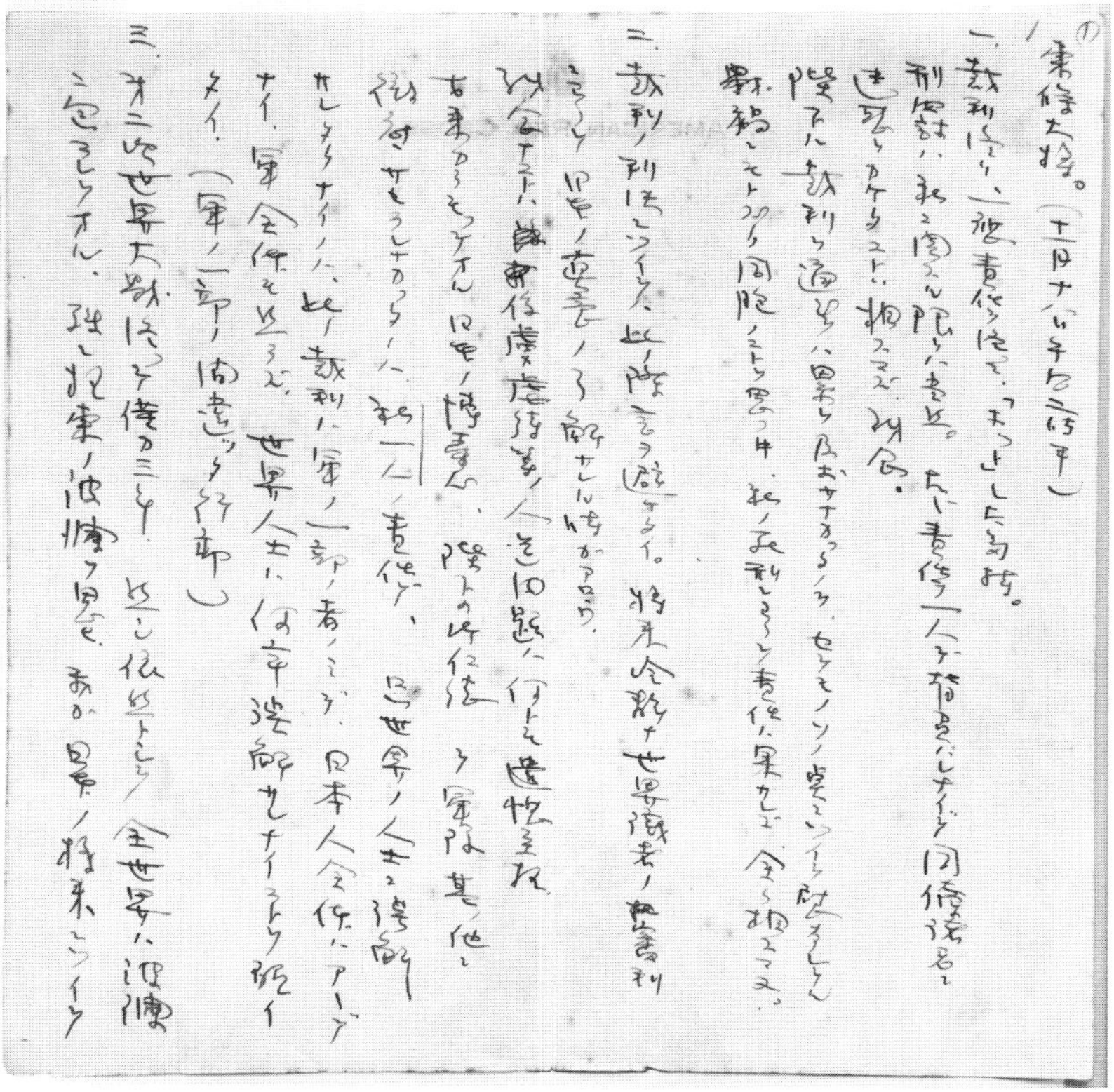

「花山メモ」東条大将の花山氏への遺言①

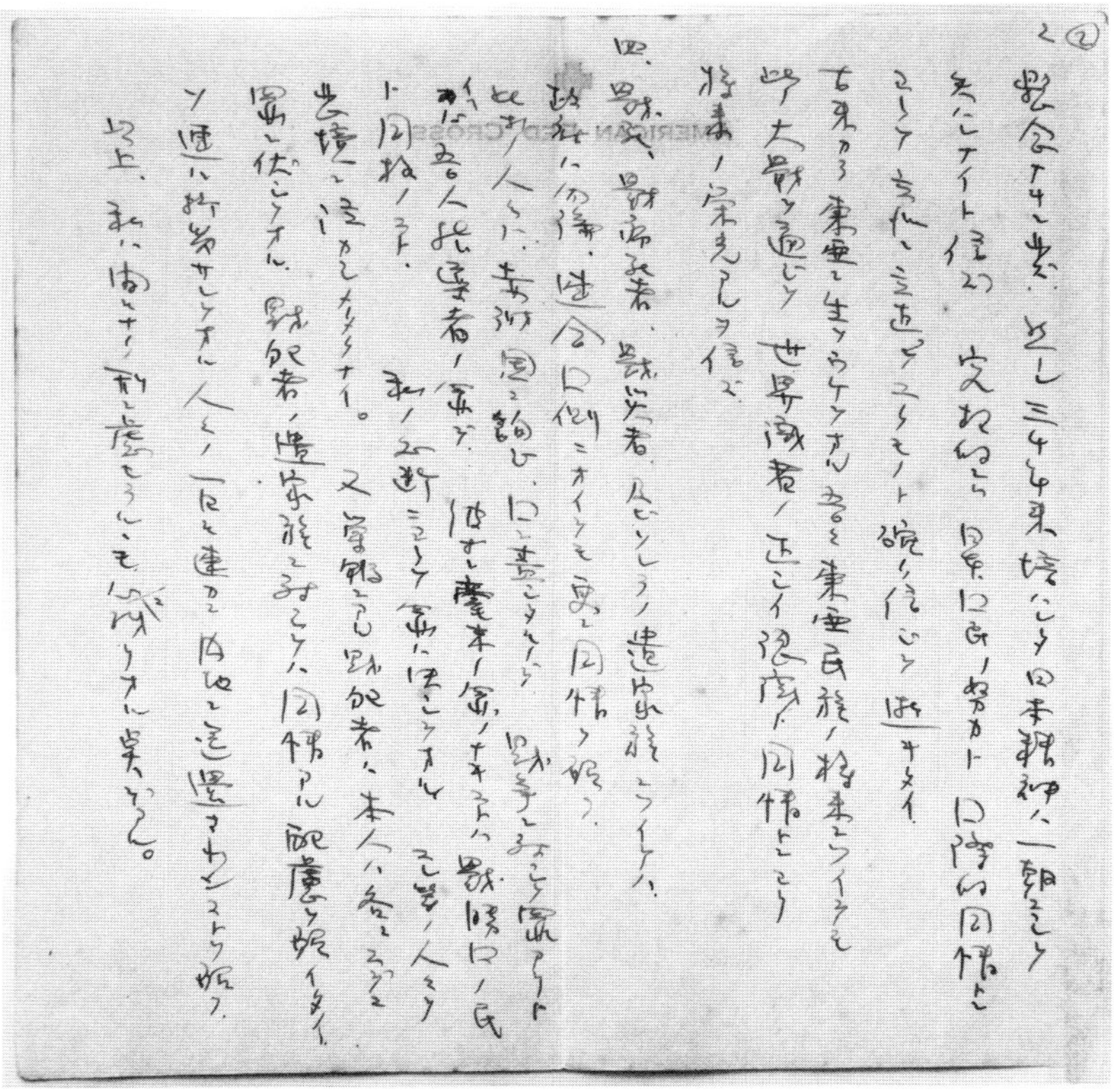

2②
観念ナサレ度ク。然シ三十年来培ハレタ日本精神ハ一朝ニシテ
失ハレナイト信ズ。究極的ニ日本国民ノ努力ト国際的同情トニ
ヨリテ文化ノ立直リテユクモノト確ク信ジテ悲観サセナイ。
古来カラ東亜ニ生レラレテオル吾々東亜民族ノ将来ニツイテモ
此ノ大戦ヲ通ジテ世界識者ノ正シイ認識ト同情トニヨリ
将来ノ栄光アルヲ信ズ。
四、戦死者、戦病死者、戦災者、及ビソレラノ遺家族ニツイテハ
政府ニ於テ、従今日迄ニオイテモ充分同情ヲ願フ。
此等ノ人々ハ、無辜同胞ニ殉ジ、国ニ尽シタルモノデ 戦争ニ対シテ罪アリト
イハバ吾人指導者ノ罪ダ。彼等ハ奉公ノ至ノナキモノハ戦時日ノ民
ト同様ノコト。私ノ不断ニ言フテ罪ニ服シテオル其等ノ人々ヲ
苦境ニ泣カシメテハナラナイ。又当然乍ラ戦犯者ハ本人ハ各ニ其ノ
罪ニ服シテオル。戦犯者ノ遺家族ニ対シテハ同情アル配慮ヲ願イタイ。
ソ連ニ抑留サレテオル人々ノ一日モ速カニ内地ニ送還サセルヤウ願フ。
以上、私ハ陰ナガラ形ヲ変ヘテモ祈ッテオル次第デス。

「花山メモ」東条大将の花山氏への遺言②

昭和23年12月21日午后9 10—10.—(刑執行宣告)

チャプレンス．オフィス．

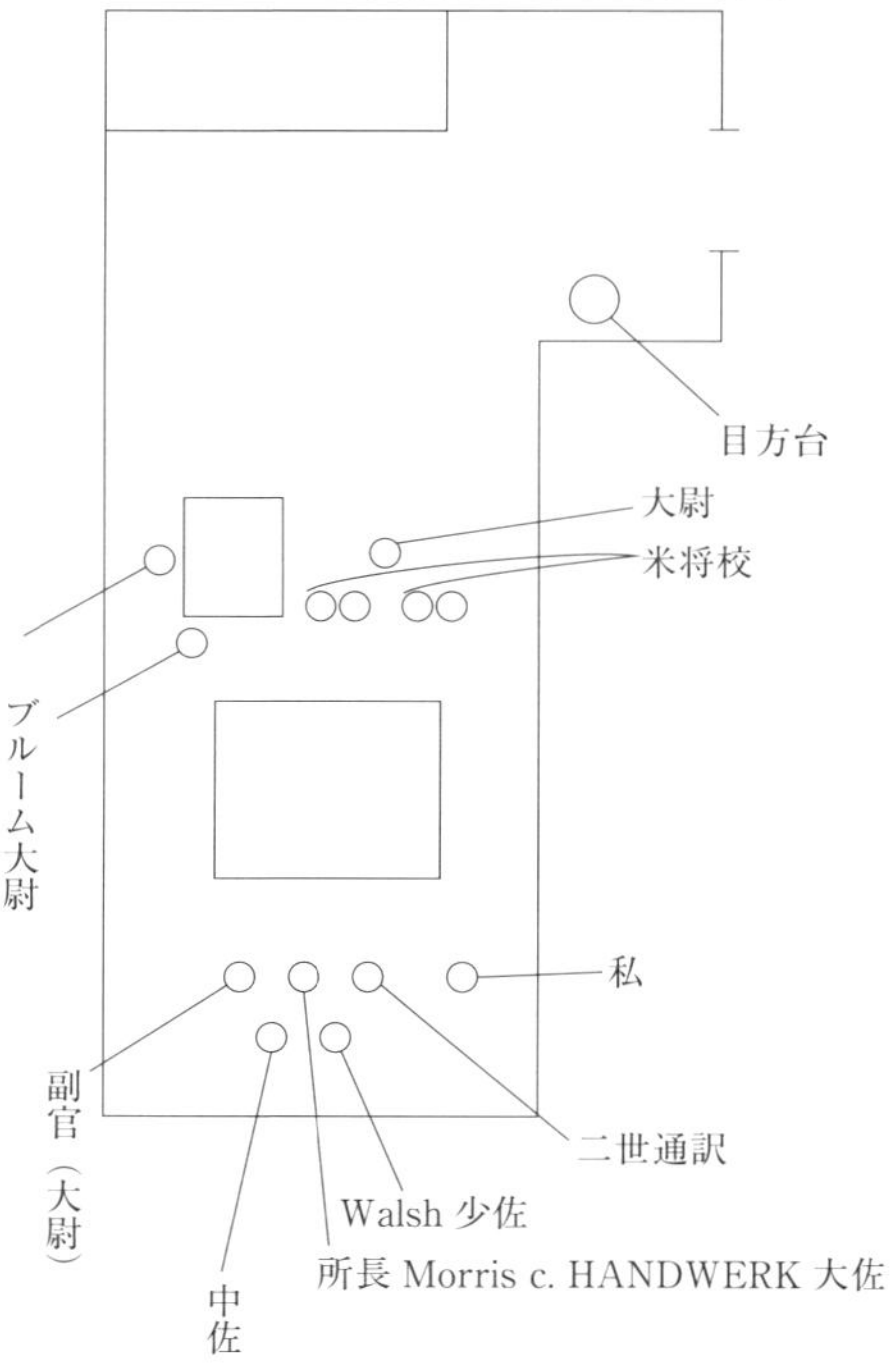

東京裁判々決　及　マ元帥認定ニヨル刑執行ヲ
　才八軍憲兵司令官 Victor W. PHELPS 大佐ト
　巣鴨拘置所長 Morris C. Handwerk 大佐トニ指令サル
ヨッテ．通訳ヨリソノ意味ヲ本人（---）ニ傳達スル。
　昭和23年12月23日午前零時一分
　巣鴨拘置所ニ於テ執行ス。

1）何か願がアルカ．
2）chaplain ト Buddhist Priest～明日午后五時より 刑執行マデツキソフ。

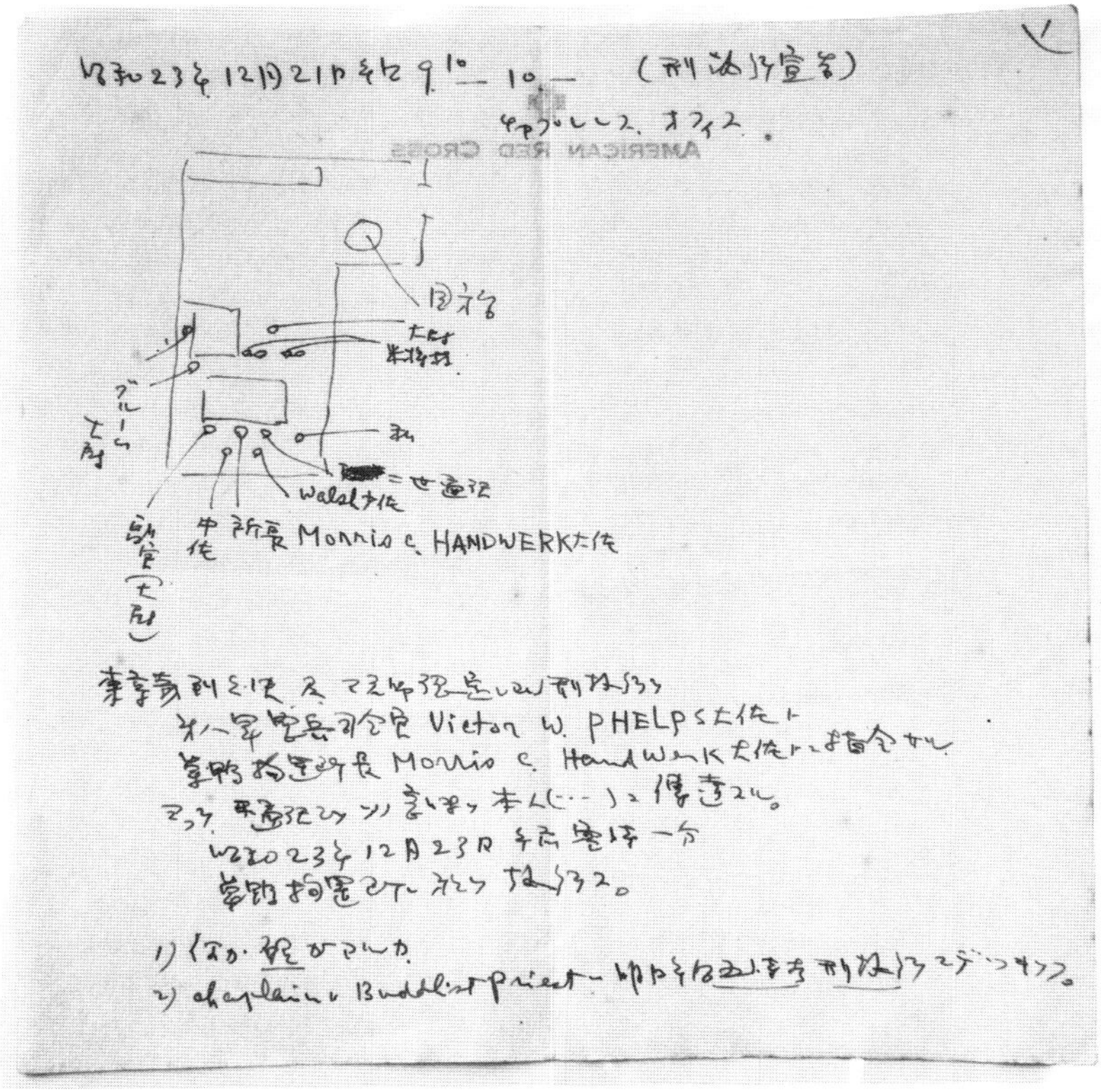
昭和23年12月21日午后 9.10—10.— （刑執行宣告）
チャプレンス.オフィス.

国旗
大尉
将校
私
通訳
Walsh大佐
所長 Morris C. HANDWERK大佐
中佐

東京裁判ニ於テ宣告セラレシ刑ヲ執行スル
第八軍司令官 Victor W. PHELPS大佐ト
巣鴨拘置所長 Morris C. HandWerk大佐トニ命令セリ。
本人(…)ニ伝達スル。
昭和23年12月23日 午前零時一分
巣鴨拘置所ニ於テ 執行スル。

1) 何か 話がないか.
2) chaplain ト Buddhist priest

「花山メモ」刑執行宣告（1

9．10→　ヨリ 2

1．Dohihara.（花山さんに手紙ヲ渡シタイ。一時間アレバ尚結構）
Hirota.　（私モ同様ニ願フ.）

右手ヲ将校トククリ合セ、二人ヅヽ更ニ一人ノ看守将校、後ロニ立ツ。

広田氏. 少々面ヤツレ。（日ヲモ忘レル.）

僕ガ. 明夜半ナルコトヲ告ゲル.

（背ニ P 印ノ米兵作業服）――靴下ニ下駄バキ。バンドナシ。

帰途、目方（体重）ヲハカル。

2．ITagaki（ハッキリ了承）（一時間）
Kimura（同様）　（花山サンニ遺言傳達方イライ。大阪ニ家内ガオルカラト）

花山サン宛ニナッテルト.

所長‥一応 Blume 大尉ニ渡シテ

所長　検閲ノ後、手渡スト。

但シ. 口頭ニテ傳達スルハ差支ナシト.

3．Matsui（手紙. 三通ホド持参サル。――手ニ念珠。但シ明日訪ネルカラ、オ室ニオ持カヘリ方ヲ申シアゲル.）
Muto　（紫紅色ガウン（W.S. ノ印胸ニアリ）下駄。手ニ念珠）

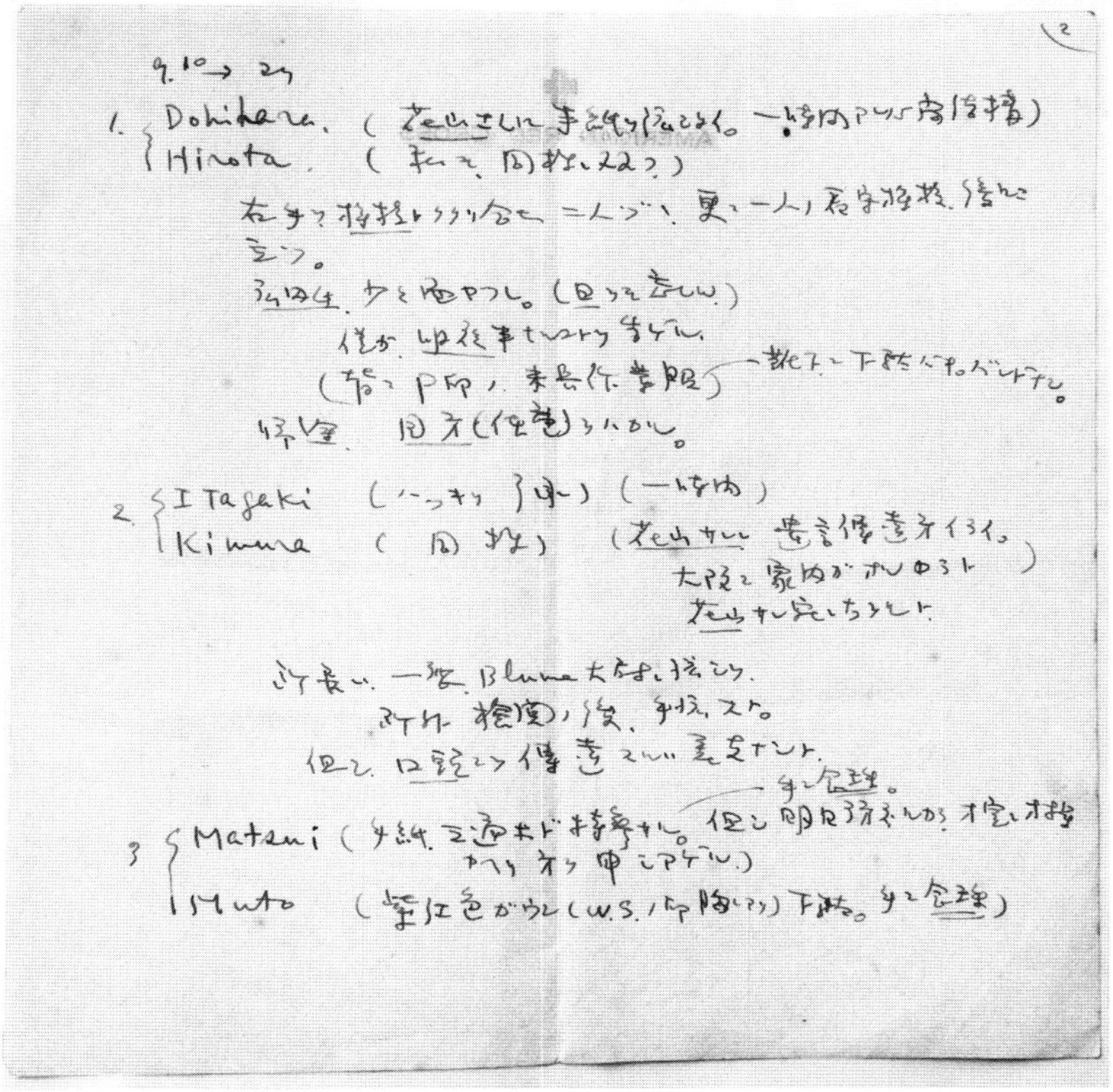

「花山メモ」刑執行宣告（2

4．ToJō.（左手ニ念珠．房ナシ。一々ウナヅカレル） 3

宣告終ッタトキ．念珠カケタ手ヲアゲテ．拝ミ（承知．感謝ノ意）

“OK, OK” トイハレル。

“何カ願ガナイカ” トノタズネニ対シ．東条氏ダケハ．極ク

ハッキリト．所[redacted]感ヲ表明サレル。

先日（二、三週間以前）、二四ニ亙ッテ、願書ヲアナタ宛ニ出シテ

オイタ。若シ．ソレガアナタデ．叶ハナケレバ．更ニ長上官ニ宛テ、

願ヒタキ旨ヲ認メテ—.

1）‥（五ヶ条）ホド．— 但シソレハ．殆ド叶ヘテクレタ．

感謝シテルト．（手ヲアゲテ拝マレル）

（夜．ネムレルヨウニ．兵隊がブジョク的態度ヲトラヌヨウ

等）

2）‥1．刑死前．二三時間．ホド．シッカリト．オ話ヲ願イタイ．トイフコト

花山サンニ　宗教ノ絶対的自由トイフコトカラ．吾々佛教ヲ信ジテルモノハ…

2．‥刑死ノ最期マデ．花山サンニツイテイテ．見トドケテ貰イ

タイト

ソレカラ．コレハ．アナタニ申シ上ゲタイノダガ．

アナタ方ハ．疑心アン鬼サレズギマスヨ

吾々ハ立派ニ死ンデ行ッテ見セマスカラ

イ）．我々同僚7人ヲ警戒ナサリスギルコト。決シテ吾々ハ自殺ナドシナイ

カラ。—ソノ一例ヲアゲルト．便所ノ中ナドデモ．一々．看視サレル．

コレハ．日本人トシテ．好マナイコトダ。アナタ方デモ．ソレヲヤラレテゴ

ランニナレバ．ワカルト思ヒマス。

コレハツマランコトデスガネー

ロ）．ソレカラ日本食ヲ一度位ハ食ヒタイ。日本人デスカラネー

スシデモ何デモ—．ソレカラ一パイ位飲ミタイ。

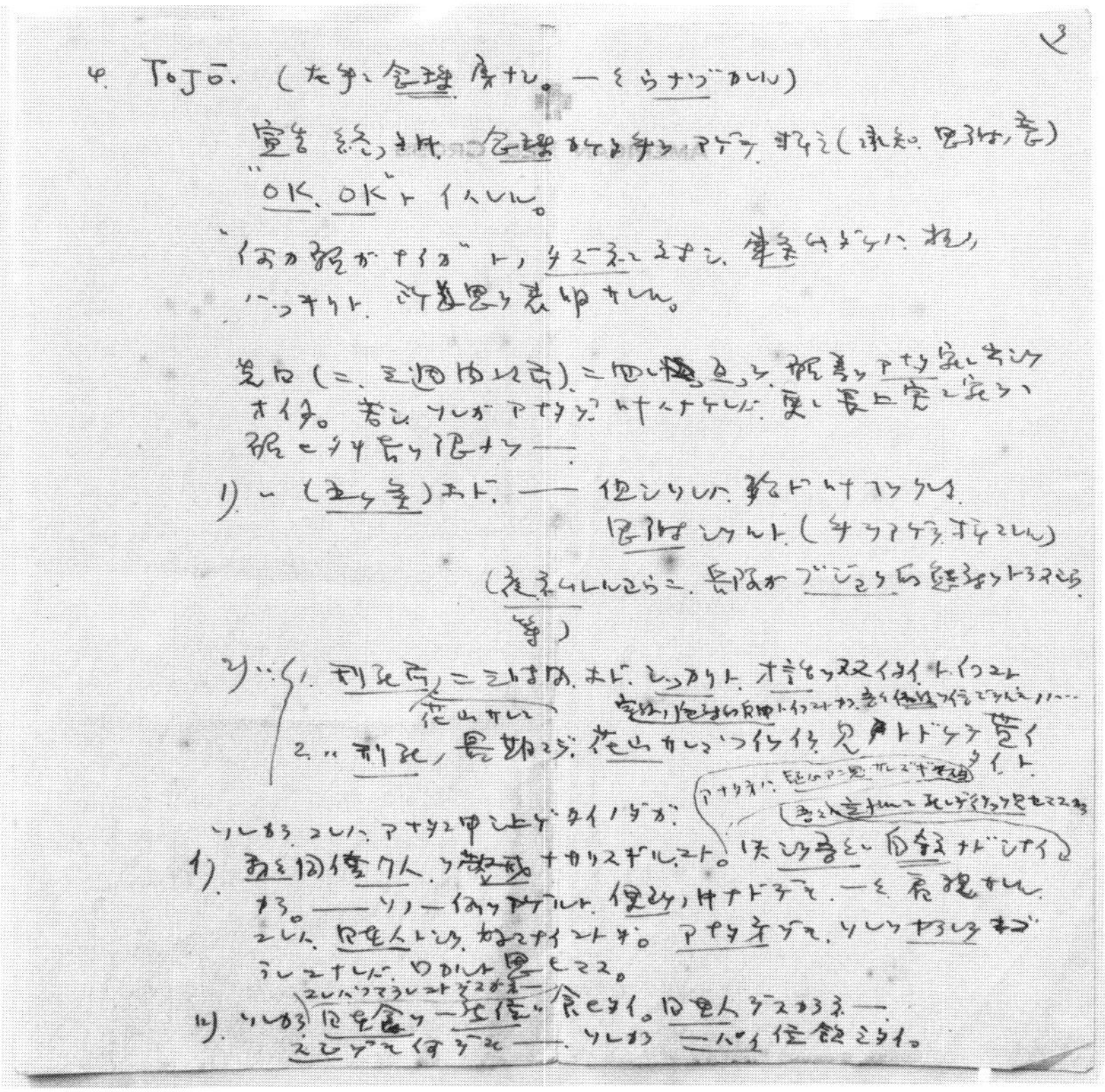

「花山メモ」刑執行宣告（3

ハ）尚　オ願イシタイコトハ．コヽニ入ッテル同僚ノ家族タチ　4

（ソレハ．実ニ気ノ毒ナ人タチガ多イ．アメリカノ兵隊タチトチガッテ）ノ飯ノ食ヘル方法ヲ考ヘテ貰イタイ。

コヽニ入ッテル人ノ家族ノコトデスヨ。

若シ．ソノ具体的ナ方法ノ一ツヲ申シアゲルナラバ

コヽデ働イテルソノ毎日ノ労働ノ賃銀ヲ家族ニ

渡スコトデスネー。

“ソレハ私ノ関与スル範囲デナイ

上官ノ命ニ従ッテ．ヤッテルコトデアルカラ”トノ所長ノ答エ。

以上ノ如ク．東条氏ダケハ．ハッキリト．最后ノ最后マデ．

云フベキコトヲ云ッテ．（去ラレタ（ソレデハト云ッテ））。

私ハ“ソレデハ．明日 オタズネ致シマスカラ．”ト申シアゲテ見送ル。

“明日ノ夜半デスヨ”

“午后五時カラ．最后マデ、一処ニオリマスガ”

“ソノ前ニ．ソレデハ．一時間位ヅヽ．オ訪ネ致シマスカラ”

ト皆ニ申シアゲタ。

終タノハ午后10時。→36号室ニ引アゲタ。

隣室へ通訳二世（杉野信 ~~イイダ？~~）ガ将校ニ送ラレテ入室。シャワーヲアビル。

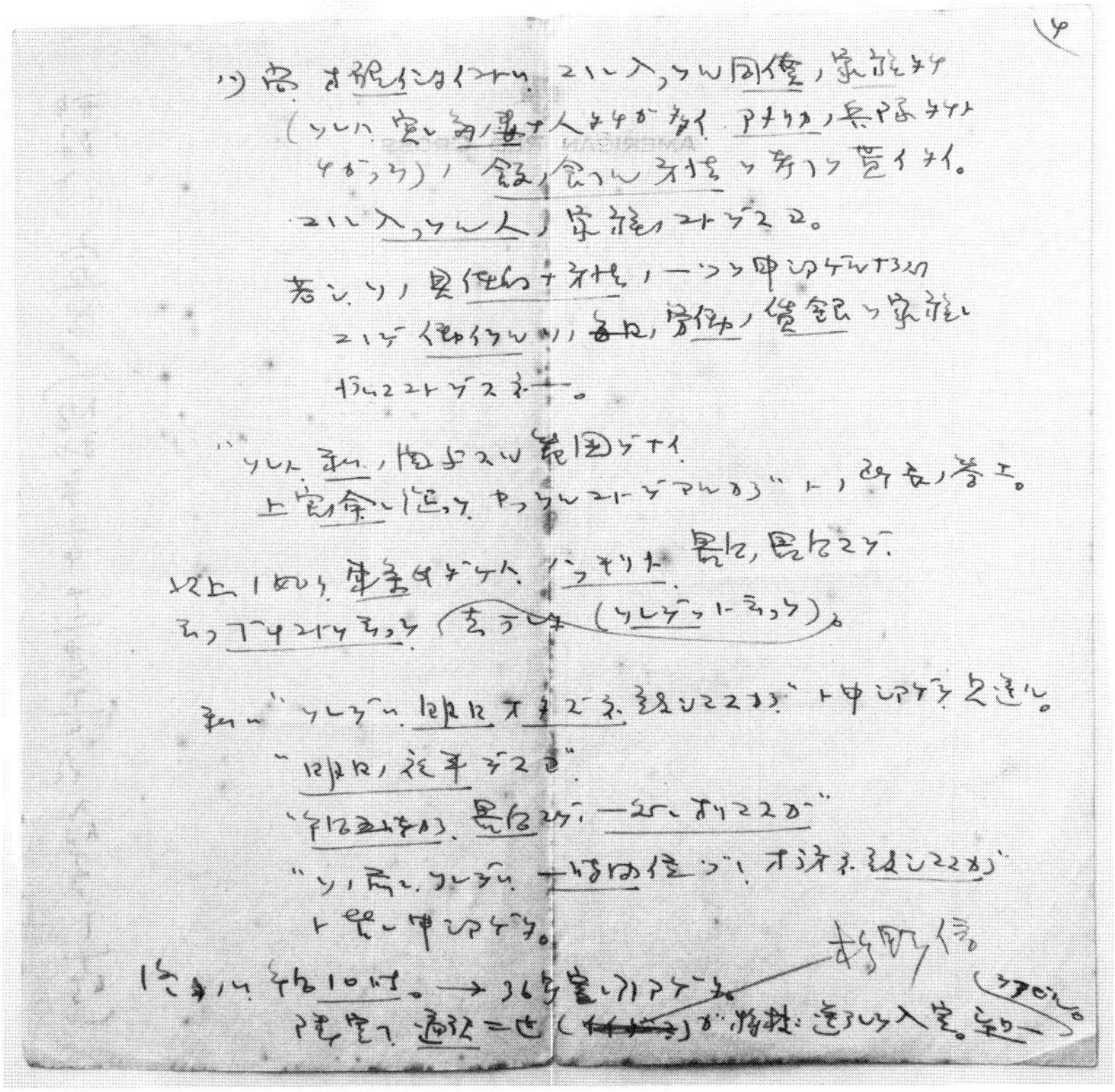

「花山メモ」刑執行宣告（4

刑執行ノ宣告。（昭和二十三年十二月二十一日夜九時十分—十時）

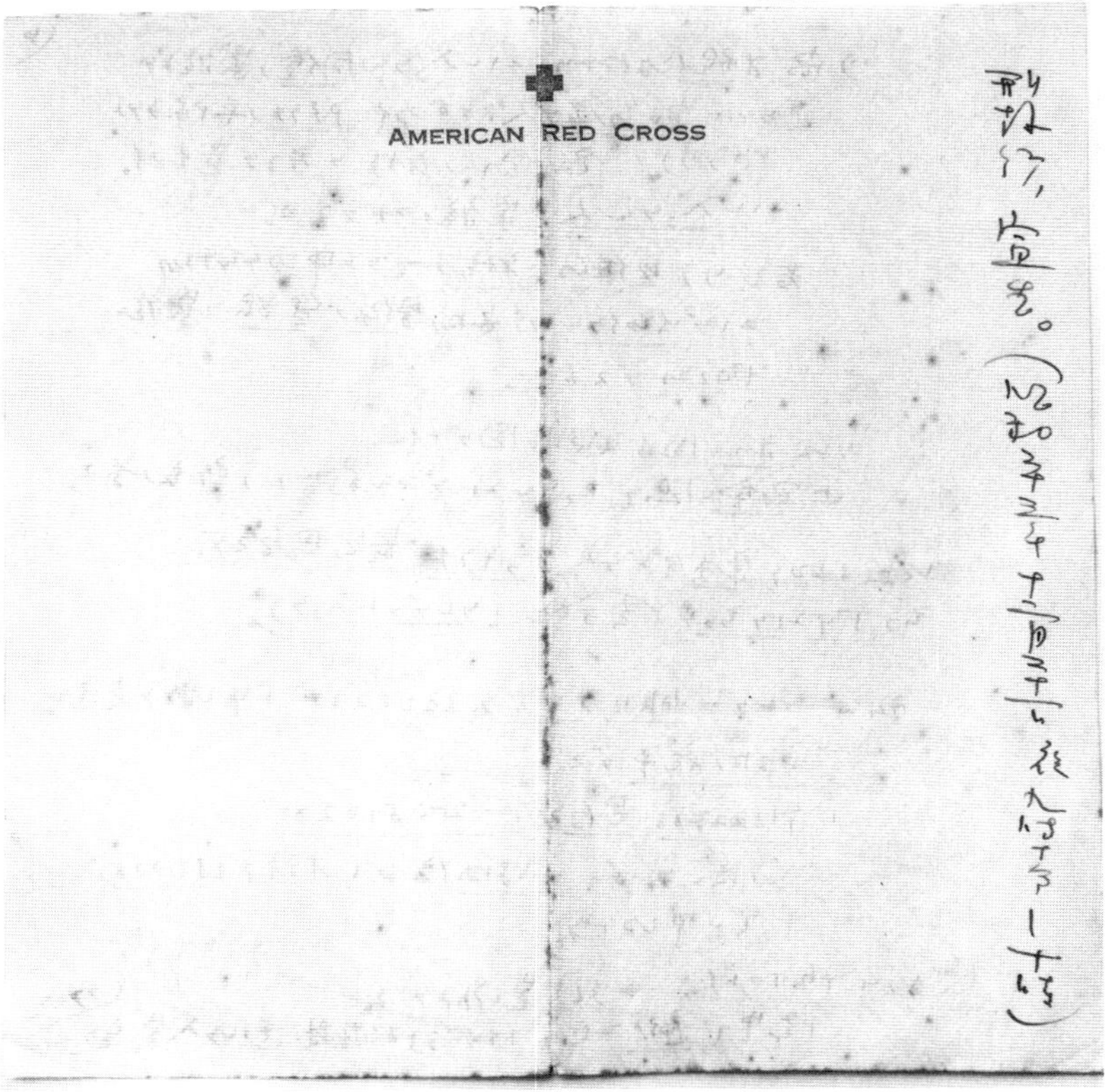

「花山メモ」刑執行宣告（4の裏面

メモ用紙は、このAMERICAN RED CROSSと赤十字マークが印刷された裏面が使用されている。

あとがき

二〇一八年、平成三十年十二月二十三日、平成最後の天皇誕生日ということで、テレビニュースや新聞報道は、会見や参賀・祝賀の映像や記事で賑わった。七十年前のこの日、A級戦犯者七名が戦争犯罪人として処刑されたことを伝える報道を見つけられなかった。七十年前の新聞のコピー版などを見ながら、七十年という時の長さはすべてを忘却させる長さであることを実感した。ただ、平成在位の明仁天皇（現上皇）陛下の会見は、「戦争」の幼少年期を過ごし、「平成」が戦争のない時代であったことの安堵と、「象徴天皇」を背負いながら職責を模索する歩みであったとする内容であり、印象的であった。実は、この七十年目のこの日を目途に本書を出版したかったが、大幅に遅れてしまった。

それにしても、今や花山信勝の名前を知る人すらほとんどいなくなったと言ってよい。浄土真宗の本願寺教団の中でさえ、それが現実となってしまっているように思われる。私はこの音声録音のお声を聴くと、若い頃、晩年の先生のお話を直接拝聴し、自坊にお泊まりいただいたことを思い出す。誰が見ても典型的な学者タイプの温厚な語り口であった。世界が注目する戦犯者の教誨という異質な世界へ飛び込み、それを全うされた責任とエネルギーは想像を絶する。さらに、その会話を録音機のようにほとんど忠実に筆記され、これを遺されたことは驚嘆するばかりである。もしこの作業がなければ、彼らとの密室での会話と心情は決して後世に伝わることなく闇に消えてしまったことであろう。

氏はみずからこの記録を度々書物にして発信されてきた。当然当時の社会の要請もあったであろう。しかし、七〇年の歳月はそれを風化させてしまった。音声録音もこのまま埋もれさせてはもったいないという気持ちが、以前からあった。日本人唯一のA級戦犯処刑者教誨のお仕事が、今や歴史的事象となってしまったならば、せめて仏教的立場から微力ながらこれを伝える責務を感じた。お念仏を見事に体解《たいげ》して処刑された彼らの姿と、花山先生との仏縁は永遠のものである。そして、平和について提起しつづける事柄であろう。

浄土真宗の祖親鸞は、「悪」を徹底的に凝視した。人間の本質は「悪」にあり、この「悪」に対し阿弥陀仏の「大悲」の救いが成り立つことを見出した。「悪人」が「悪人」のまま救われる、いわゆる悪人正機《しょうき》（悪人成仏）である。もちろんそれは、「悪」の深い自覚と慚愧《ざんぎ》、そして「信」と表裏である。花山氏の教誨の原点もここにあったと考える。

戦争とは、その苦しみや悲しみが世代を超えてゆく「むごさ」を持つ。戦争への道を開いた人も、またその責任を裁き死罪とした人たちも、そのむごさゆえに罪も深い。仏教では、「殺生」まして人が人を殺すことの罪は深重《じんじゅう》である。現在も世界のどこかで戦争があり、人を殺す武器は限りなく存在する。また日本には今も死刑制度がある。この社会の現実を、今に生きる者の責任として深く深く問いかけてゆかねばならない。

その意味では、本書はとかく政治的関心になりがちな内容を、仏教者としての花山氏の教誨に注目したものであるが、浄土真宗や仏教の関係者のみならず、年代を問わずより多くの方々に読んでいただきたい。

なお、本書の制作出版にあたり、金沢市宗林寺花山勝澄住職ならびに佐伯裕子氏には、格別のご配慮をいただいた。あつく御礼申し上げたい。そして、面倒なテープ起こし作業を榎本明美さんにお願いした。また、京都新聞記者浅井佳穂氏や、天山信楽氏・藤原智氏・木越祐馨氏には情報提供をいただき、これらの方々に謝意を表したい。最後に、法藏館編集長戸城三千代さんにには、本書の重要性にはやくから共感され、多くのアドバイスをいただき原稿整理をお手伝いいただいた。そして、出版をお引き受けいただいた法藏館西村明高社長ともどもここに感謝申し上げたい。

二〇一九（令和元）年　八月

青木　馨

【編者略歴】

青木　馨（あおき　かおる）

1954年、愛知県生まれ。同朋大学仏教文化研究所客員所員。2018年、博士（文学）。『本願寺教団展開の基礎的研究』（単著）、『大系真宗史料 伝記編 6　蓮如絵伝と縁起』（編著）、『蓮如名号の研究』（共著）、『誰も書かなかった親鸞』（共著）、『教如と東西本願寺』（共著）ほか。

A級《きゅう》戦犯者《せんぱんしゃ》の遺言《ゆいごん》
教誨師《きょうかいし》・花山信勝《はなやましんしょう》が聞《き》いたお念仏《ねんぶつ》

二〇一九年一二月二三日　初版第一刷発行

編　者　青木　馨
発行者　西村明高
発行所　株式会社　法藏館
京都市下京区正面通烏丸東入
郵便番号　六〇〇-八一五三
電話　〇七五-三四三-〇〇三〇（編集）
〇七五-三四三-五六五六（営業）

装幀　野田和浩
印刷　立生株式会社　製本　清水製本所

ISBN 978-4-8318-5713-2 C1015

「悪」と統治の日本近代　道徳・宗教・監獄教誨　繁田真爾著　五、〇〇〇円

真宗大谷派のゆくえ　ラディカルに問う儀式・差別・靖国　戸次公正著　二、八〇〇円

天皇制のデザイン　上山春平著　二、七〇〇円

天皇制の深層　上山春平著　二、七〇〇円

本願寺教団展開の基礎的研究　戦国期から近世へ　青木　馨著　九、八〇〇円